마스터에게

06	**Odradek** 민주
18	**오드라데크에게 공원을** 강정아

非공원

33	**정자** 민주
41	**공회전 시대 非공원 탐색기** 강정아
59	**장소애** 강병우

대대손손 代代孫孫

* 호박 줄기 사건

87	**한 씨 일가 공유지 사수법** 강정아
101	**박적골과 인왕산** 민주
111	**은행나무** 강병우

* 호박의 심산

녹색을 사용하는 방법

125 **보이드와 커먼즈** 강정아
145 **일상에서 아집에 따른 행위와 정치적인 것** 최희진

출몰지

169 **탈취법: 추의 점유** 민주
187 **비애의 공간으로 초대** 강정아
199 **용서의 경계** 봄로야
215 **'오드라데크'의 음악을 기다리며** 유지완

230 **Obdradek: 숨탄것** 강병우

오드라데크

민주

오드라데크(Odradek)는 굴러다닌다. 다락방과 계단과 마루 밑 정해져 있지 않은 거주지를 갖는다. 오드라데크는 정주하는 시민이 아니다. 정주하는 인간이 아니고 정주하는 노동자도 아니다. 오드라데크가 누구인지 알아내려면 쓸모의 의미를 달리 결정하며 살아가는 것들을 수소문해야 한다. 거주지와 정체를 지정하지 않은 채 살고 있는 것들이 지금 머무르는 장소를 찾아야 한다.

정체

프란츠 카프카(Franz Kafka, 1883-1924)가 1917년에 쓰고 1920년 발표한 단편 「가장의 근심(Die Sorge des Hausvaters)」에는 오드라데크라는 이상한 것이 등장한다. 카프카의 글 전체가 오드라데크에 관한 설명이지만 다 읽고 나서도 정체가 밝혀지지 않으니 이게 무엇인지 한 마디로 설명하기 여간 어려운 게 아니다. 카프카는 오드라데크를 이렇게 소개한다.

> 어떤 사람들은 오드라데크라는 말이 슬라브어에서 나온 것이라고 말하고 이를 근거로 그 말의 생성을 증명하려고 한다. 또 다른 사람들은 그 어원이 독일어이며 슬라브어의 영향을 받았을

뿐이라는 의견을 말한다. 그러나 이 두 가지 해석의 불확실함으로 미루어 보아, 특히 그 어느 해석으로도 이 말의 의미를 찾을 수 없기 때문에, 그 어느 것도 맞지 않는다는 것이 아마도 정당한 추론인 듯하다.[1]

오드라데크가 무엇인지 이름을 통해 아는 것은 불가능하다. 이 단어가 슬라브어에서 왔다면 어원에 맞게 쪼개 의미를 가늠해볼 수 있을 것이고, 독일어로 볼 때 더 잘 분석된다면 독일어 어원으로 조합해 의미를 헤아릴 수 있었을 것이다. 그러나 어느 쪽으로도 의미가 도출되지 않는다. 단어가 생성되어온 자취를 쫓는 방법으로는 오드라데크가 무엇인지 알 수 없다. 카프카는 글자를 통해 의미에 도달하는 방식으로는 만나기 힘든 것에 관해 이야기하고 싶었던 것 같다.

외양으로도 의미를 깨칠 수 없기는 마찬가지다.

> 그것은 우선 납작한 별 모양의 실패처럼 보이며 실제로도 꼰 실과 연관이 있어 보인다. 꼰 실이라면 틀림없이 끊어지고 낡고 가닥가닥 잡아맨 것이겠지만 그 종류와 색깔이 지극히 다양한, 한데 얽힌 실타래일 것이다. 그런데 그것은 실패일 뿐만 아니라 별 모양 한가운데에 조그만 수평 막대가 하나 튀어나와 있고 이 작은 막대에서 오른쪽으로 꺾어져 다시 막대가 한

개 붙어 있다. 한편은 이 후자의 막대에 기대고 다른
한편은 별 모양 막대의 뾰족한 한끝에 의지되어 전체
모양은 마치 두 발로 서기나 한 듯 곧추서 있을 수가
있다. (……) 그는 자주 오랫동안 나무토막처럼 아무
말도 하지 않는다. 그는 마치 나무토막인 것 같다.[2]

겉모습에 관한 긴 설명을 읽고서도 우리는 여전히
그 모양을 작품 속 화자가 보았던 그대로 그릴 수가
없다. 오드라데크의 생김새가 규격화된 그 무엇과도
들어맞지 않기 때문이다. 그저 이것이 실처럼 보이는
선과 면 그리고 막대 두 개로 이루어져 있음을
가려내고, 그것들이 "끊어지고 낡고 가닥가닥
잡아매"여 "한데 얽힌" 모양을 엄청나게 많은 경우의
수로 조합할 수 있을 뿐이다.

오드라데크를 이해하는 데 결정적으로 실패하는 건
이게 뭘 하는 데 쓰이던 물건인지 알아내지 못하는
대목에서다.

> 이 형상이 이전에는 어떤 쓸모 있는 모양을 하고
> 있었는데, 지금은 그냥 깨어진 것이라 믿고자 하는
> 유혹을 느낄 수도 있으리라. 그렇지만 이것은 그런
> 경우는 아닌 것 같다. 적어도 그런 낌새는 없으니 그
> 어디에도 뭔가 그런 것을 암시하는 다른 부분을 이루는
> 곳이나 부러져 나간 곳이 없고 비록 전체 모양은

무의미하게 보이기는 하지만 그래도 그 나름으로
마무리되어 있는 것처럼 보인다.[3]

인간의 마지막 기대는 무엇이든지 간에 처음에는
쓸모가 있는 모양으로 만들어지기 마련이라는
믿음에 있다. 오드라데크가 지금 이렇게 형상을
알 수 없게 된 건 고장이 났기 때문이므로,
본래의 모습을 더듬어 헤아린다면 어떤 용도로
만들어졌는지 알 수 있으리라. 그러나 카프카는
그 길도 막아선다. 부서진 것이라면 뜯긴
자국이라던가 잘린 단면이라던가 하는 흔적이
있을 텐데, 이 경우는 그런 낌새가 없고 어쨌든 모든
부분이 그 자체로 마무리되어 있는 것처럼 보인다는
것이다. 카프카가 오드라데크라는 이름으로 부르고
싶었던 것은 기능으로 존재가 특정되는 그런 것이
아니었다. 부수어졌을 때만 이런 모양일 수 있다고
생각하는 게 인간의 방식이라면, 오드라데크는
전체를 아우르는 의미 없이도 완결된 방식으로 산다.

***

「가장의 근심」의 화자는 오드라데크를 보며
슬퍼한다. 인식할 줄 아는 능력을 자기네 종이

최고인 이유로 삼는 인간에게 이 인식할 수
없는 대상은 비애로 남는다. 그러나 그 슬픔은
오드라데크와 끝없이 엇갈리고 마는 일을 슬퍼하는
데 있지 않다. 인간은 인간 자신을 애도하는 일로
되돌아온다. 그는 이렇게 말한다.

> 나는 그에게 무슨 일이 일어날 것인가를 헛되이
> 물어본다. 도대체 그가 죽을 수 있을까? 죽어가는 모든
> 것이 죽기 전에 일종의 목적과 일종의 행위를 소유하며
> 그러한 목적과 행위로 인해서 삶이 지쳐버린다. 그것은
> 오드라데크에게 적중하지 않는다. 그가 언젠가는
> 질질 끌리는 실끈을 가지고 내 아이들과 그 아이들의
> 아이들의 발 앞에서 여전히 층계를 굴러 내려가야 할까?
> 추측건대 그는 정말 아무에게도 해를 끼치지 않는다.
> 그러나 그가 나보다 더 오래 살아남는다는 생각이 내겐
> 거의 고통스럽다.[4]

인간은 오드라데크에게 주어진 목적이 무엇인지
아는 데 실패한다. 따라서 목적이 다함으로써만
성립하는 죽음이 도대체 오드라데크에게서
어떻게 이루어질 수 있는지를 상상하는 일 또한
실패로 남는다. 인간이 유일하게 실감하는 것은
오드라데크에게 죽음이 없다는 사실에서 깨달은,
자신의 운명에 대한 고통이다. 인간은 자신의
죽음을 떠올리며 괴로워한다. 인간이 애도하는 것은

제 죽음이고, 그 애도를 통해 인식하는 것도 인간
자신이다. 오드라데크는 비애의 대상이 아니라
비애를 자아내는 원천이다.

오드라데크가 인간에게 의미를 갖게 되는 지점이
바로 이곳이다. 오드라데크는 '유한한 존재'라는
인간성을 자각하게 하는 무한한 존재로서 비로소
존재의 지위를 얻는다. 인간의 이해가 수없이
많은 실패 끝에 자신에게로 돌아갈 때 역설적으로
오드라데크는 인간에게 유의미한 존재가 되는
것이다. 그러나 인간의 이해는 여전히 간신히 성립할
뿐이다. '죽지 않는다'는 특성은 인간성 너머에 있기
때문이다. 인간적이지 않은 것으로서 오드라데크는
몰의미로 채워져 있다. 따라서 오드라데크는
언제나 아슬아슬하게만 식별된다. 인간의 눈에
오드라데크는 내부가 텅 *빈* 채로 있다.

이제 남은 건 오드라데크를 공간과의 관계로
상상하는 길이다. 오드라데크가 자신에 관해 스스로
이야기하는 바는 단 두 가지, 이름 '오드라데크'와
그가 있는 곳 '정해져 있지 않은 주거지'이다.

누군가 밖으로 나와 마침 아래 계단 난간에 기대어

있노라면 때때로 그에게 말을 걸고 "이름이 도대체
무엇이니?"하고 그에게 묻는다. 그러면 그는
"오드라데크."라고 대답한다. "어디에 살고 있니?" 하면,
"정해져 있지 않은 주거지에."라고 말하며 웃는다.[5]

오드라데크가 사는 곳은 고정되어 있지 않은데,
"다락에서, 계단실에서, 통로들에서, 복도에서"
보이는가 싶다가도 한참을 "다른 집들에 이주해
있는"[6] 통에 보이지 않는 식이다. 오드라데크의
'정해져 있지 않음'은 그가 정착해 있지 않음을
의미하는 동시에, 그가 차지하는 공간의 쓰임이
한 가지로 고정되어 있지 않음을 가리킨다.
오드라데크는 다락방과 같이 쓰임이 유예된 공간에,
계단이나 복도와 같이 매개하는 공간에, 통로와 같은
간이의 공간에 출몰한다.

오드라데크에게는 역사와 기능이 없다.
오드라데크는 공간을 차지한다는 단순한 방식으로
존재한다. 그래서 그것을 마주하는 인간은
'오드라데크라는 것이 거기에 있다'고 간신히 말할
뿐이다. 우리는 그게 여기와 저기에 있고, 아마도
계속 있을 것이라고 설명할 수밖에 없다. 그러나
'그저 있다'는 이 간단하고도 미약한 사실은 인간적

인식이 뜯겨 나가고 감각만이 드러난 빈 땅을
드러낸다. 그리고 그곳에 거주지를 튼 무언가가
있음을 예감하게 한다. 그 안에 있던 오드라데크의
정체와 생김새가 엄청나게 많은 경우의 수를 따를
것임은 분명하다.

***

이 연구는 오드라데크가 짓는 공간을 따라간다.
오드라데크는 가장 쓸모없는 것, 비일관적인 것,
가족과 사회에 건져 올려지지 않은 것이 어떤
방식으로 존재하는지를 보여준다. 오드라데크가
공간을 점유하는 방식에서 우리는 우연하고
자의적인 문법을 발견한다. 이것은 약속된 기능과는
거리가 먼 존재 방식을 이루지만, 바로 그래서
공간을 다르게 상상할 경로가 된다. 오드라데크는
도시 시민이 꿈꾸는 자기 건물을 갖지 않는다.
오드라데크의 장소에는 정해진 가족도 없고,
정해진 사회적 가치도 없다. 그러나 오드라데크가
가족과 사회 *바깥*에 유폐되어 있는 것은 아니다.
오드라데크는 집 안을 돌아다닌다. 당장 쓸모가
없는 것들을 모아놓은 다락방에 머무르거나, 방과
방이라는 기능 사이를 잇는 복도와 계단을 스친다.

오드라데크는 갖가지 기능의 장소들을 가로지른다.

오드라데크를 통해 우리가 발견한 것은 자본이 획정하는 공간 논리를 거스르는 방식으로 점유된 공간들이다. 쓸모가 빠져나간 것, 쓰레기, 예술, 그리고 빈 공원이 차지하는 공간은 우리가 절대 벗어날 수 없을 것 같다고 느끼는 이 거대한 질서를 파고드는 균열점이다.

중요한 건 그것이 그곳에 존재한다는 사실이다. 모든 존재는 명실상부 자기 집을 갖는다. 있어야 할 것과 없어도 될 것을 결정하는 우리의 감수성이 자주 자본의 논리를 준거로 삼는 오늘날에도, 모든 존재는 스스로에게 공간을 부여한다. 자본이 버린 쓰레기에게도 집이 있다.

오드라데크는 속이 빈 몸으로 여기저기에서 공간을 차지하고 있다. 이름과 역사와 기능으로는 표상되지 않았던 것, 그럼으로써 아무런 내용이 없이 비어 있는 것, 그러나 공간을 점유함으로써 있는 것, 그것이 오드라데크이다. 그는 지금의 공간을 자기 장소로 삼으며 무정형으로 뻗는 잠깐의 공간들을 만든다. 그곳이 오드라데크의 집이다.

1 프란츠 카프카, 「가장의 근심」, 『프란츠 카프카: 변신 외 77편』, 박병덕 옮김, 현대문학, 2020, 287쪽.

2 위의 책, 287-289쪽.

3 위의 책, 288쪽.

4 장혜순, 「카프카의 「가장의 근심」에 나타나는 괴테의 형상미학」, 괴테연구10, 1998, 138쪽, 일부 수정.

5 위의 논문, 같은 쪽, 일부 수정.

6 위의 논문, 같은 쪽, 일부 수정.

오드라데크에게
공원을

강정아

한파의 추위에 종종걸음으로 집으로 향하던 길에 건물과 건물 사이 작은 길목에서 구부정한 자세로 앉아 잠을 청하고 있는 이들을 본 적이 있다. 거리에서 목격한 것은 몸과 마음을 둘 장소가 있는 자보다 그렇지 않은 자에게 재난이 가깝게 찾아온다는 사실이다. 집 없이 떠도는 이들은 거리를 제집처럼 몸집만한 짐을 매달고 도시를 가로지른다. 역전에 몸을 뉜 이들의 두 손에는 종이가방 몇 가지와 쓰레기봉투가 움켜쥐어져 있다. 겨우 몸을 피한 실내에는 이들이 앉을 만한 자리조차 없고 계단에 몸을 기댄 것조차도 더 이상 허락되지 않게 되었다. 밤이슬을 피하지 못한 이들은 고스란히 추위를 맞는다.

방랑자는 길과 길을 연결하는 골목에 자기 짐을 의자로 삼아 멍하니 앉아 있거나 때론 많은 인파가 지나가는 길가에 있다. 사람들은 방랑자를 피해 걷는다. 짐을 의자로 삼아 잠시 숨을 돌리며 해가 질 무렵, 땅이 꺼질 듯 숨을 내쉰다. 어느 여인은 마스크를 내려 숨을 쉬는 방랑자를 용서할 수가 없다. 몇 분 뒤 경찰이 출동한다.

노숙자가 잠을 자지 못하게 벤치에 팔걸이를
만들었다는 어느 기사를 읽은 적이 있다.
'쓸데없는 일에 예산을 쓰는구나' 라고 넘겼던
순진한 생각은 그들을 저지하는 일이 예산의
쓸모였음을 깨닫게 했다. 그들은 유해하고
안전을 해치는 낙오자, 실패자로 여겨진다.
이제 그곳은 어느 사람도 앉지 못하게 테이프로
접근금지 제한을 받는다. 어떤 공간은 일시적
폐쇄 장소가 되었다. 어떤 사람들은 제 갈 길인
자기 집으로 향하지만, 어떤 사람들은 그 길마저
없어 발걸음을 멈춰 세운다.

사람이 떠나거나 죽고 덩그러니 남은 폐가.
폐가에는 무단 투기로 버려진 쓰레기 더미가
옛터의 모습을 가로막고 있다. 기능이 다 하고
더 이상 쓸모없는 더미들이 만든 쓰레기는
무덤을 연상케 한다. 쓸모없는 것이 남겨질 때
자리 잡은 모양새는 부스러질 듯 위태로운
뼈대를 지탱하고 있다. 벽을 타는 넝쿨 더미가
기묘하게 뻗어있다. 넝쿨더미는 제법 으스스한
분위기를 연출한다. 이제 그곳은 넝쿨더미의
자리가 되었다. 이제 그곳은 넝쿨더미의 집이며
그가 차지한 권리이다.

공간과 장소를 점유하는 일을 오늘날 어떤 의미로, 어떻게 설정해야 할 것인가. 점유된 공간의 한계는 팬데믹 이후 가시적으로 드러나고, 인적·물적 자원이 도심으로 치우치는 현상은 더욱 심화하고 있다. 2020년 기준으로 수도권 인구가 국내 총인구의 절반을 넘어섰다. 팬데믹을 거치며 삶의 위험성과 취약성이 도시 곳곳에서 드러났다. 그것은 구획된 공간과 장소의 문제로 곧장 연결되었고 재난은 약한 자에게 가장 먼저 찾아왔다.

팬데믹 거리두기 단계에 따라 전 국민이 영업 마감 시간을 지켜야 하고, 도심 한복판에 위치한 자그마한 공원은 접근금지 테이프로 입장이 제한된다. 그나마 가슴을 뻥 뚫리게 할 강변에 사람들이 삼삼오오 모여 발 디딜 틈도 없어진다. 공백-보이드, 비생산적이고 비효율적인 곳, 생산기능이 저하된 곳이 도심 내에서 가장 먼저 차단된다. 팬데믹은 우리에게 도시라는 공간과 장소에 특정한 공백이 드러났음을 경고했다. 공공시설에 진입하기 위해서 방역 패스가 동반되어야 하고 그렇지 않으면 출입이나 접근이 제한된다. 통제로 인해 소유 공간의 역할이 더욱 중요시된다. 소유 공간이 없는 이들이 공적 공간에 진입하지 못하고 공간과 장소에 집결하지 못한다는 현상은 이들의 존재를 지표에서 수치화할 수 없다는 점과도 연결된다. 최소한의 사적 공간의 부재는 생계 권리를 요청하고 안전을 보호하는 기반조차 마련할 수 없게 한다. 사적 공간의 부재와 공적 공간의 폐쇄는 공간과 장소 간의 격차를 만들어낸다. **이때 격차와 간극이 생긴 공백으로부터 보이지 않았던 오드라데크가 등장한다.**

오드라데크는 프란츠 카프카의 단편 「가장의 근심」에서 미지의 것으로 등장한다. 오드라데크는 이름의 유래를 알 수가 없고 유기체도 아니면서 유기적이기도 한 어떤 모호한 것으로 표현되고 있는데, 납작한 별 모양의 실타래처럼 보이기도 하며 영원히 죽지 않는 불사의 존재로도 보인다. 그래서 그것을 마주하는 인간은 근심에 휩싸인 채 그저 '오드라데크라는 것이 거기 있다'는 말만 간신히 할 뿐이다. 오드라데크로 지칭할 수 있는 범주가 한정적인 탓에 그 정체를 이해할 수 없고 고로 해석할 수 없다. 정해진 질서와 체계에서 포착되지 않은 오드라데크의 거주지를 발견하기 위해 공간과 장소를 구획하는 범주의 재목록화가 필요하다. 하지만 오드라데크가 발현할 곳은 쓸모없는 공간과 장소이기에 도시에서는 오드라데크의 형상을 찾아보기가 쉽지 않다. 오드라데크는 쓰임이 다하고 의미가 텅 빈 채로 거리를 굴러다니는 쓰레기와 닮아 있다.

> '쓸모없음'이 생성하고자 하는 욕망 자체가 쓸모없는 것으로 치환되며 그것을 '쓰레기'라 부른다. 쓰레기를 위한 자리는 남겨두지 않고 눈에 보이지 않게 치워버린다. 상품이 될 수 없는 쓰레기가 쫓겨난 자리에 공백·보이드가 발생하는데 오드라데크는 보이드일 때 존재를 등장시킨다. 그러므로 생산과 쓸모의 여부로 개발된 공간과 장소에서 밀려 나갈 때 오드라데크는 존재를 드러내며 범주를 벗어나고 포착되지 않은 공백·보이드를 발굴한다.[7]

휴식을 선사하는 장소(공원) 또한 쓸모와 개발 가능 여부로 결정되고 그렇지 않은 장소는 기능을 잃고 외곽으로 밀려난다. 도심 내 녹지를 개발할수록 더럽고 오염된 불법적이고 관리되지 못한 것들은 도심 바깥으로 밀려 쓰레기 산이 되어 죽은 땅(매립지)이 된다. 생산과 개발, 권력, 자본, 화폐로 소유되지 않은 땅은 공정하고 공평하게 발화될 기회마저 박탈된다. 시스템이 미치지 않은 곳은 인간의 생존권마저 보장받기 어려워진다. 점점 도시는 압축적이고 스펙타클하게 변모한다. 도시를 연결하는 교통의 발전은 가시적인 것과 비가시적인 것을 은폐시키기 용이해진다. 개발로 인해 중심과 변두리를 구분함으로써 묵인되고 있는 '문제'는 무엇일까.

이 책에 소개된 글들은 공백-보이드에서 드러나는 오드라데크를 구체화하기 위한 시도로 공원의 생산 과정을 소개하고, 공간과 장소를 점유하는 점거 방식의 사례를 가져온다. 대도시 안 공유지는 '공원'이 되고 쓸모없고 오염된 것은 바깥으로 내몰려 '매립지'로 작동된다. 불법, 오염, 쓰레기, 유해하다고 판단된 것을 도시 바깥으로 밀어내지만, 눈에 보이지 않는다고 해서 그 문제들이 사라지는 것이 아니다. 도시를 깨끗하게 만들기 위해 도시 바깥으로 내몰린 것은 사람이 떠난 후 잔해처럼 남아있는 폐가와 무덤, 야산에 묻는 불법 폐기물, 진상 조사를 외치는 현수막, 가축 농가에서 배출한 분뇨에서 풍기는 악취, 그 악취와 함께 매일 새벽마다 공장으로 출근하는 젊은 이주노동자의 얼굴이었다. 그곳에서 '오드라데크'를 목격했다.

서울·수도권 비대화의 대안적 가치로 로컬이 자리매김하고 있다. 하지만, 국민 국가에서 작동하던

중심과 주변, 지역 간에는 격차가 있다. 그 차이의
간극을 직시하며 공간의 부재가 일상에 미치는
영향, 사회적 관계의 의미, 우리가 공간과 장소를
사유할 감수성이 무엇인지 알아차려야 한다.
깨끗하고 아름답게 관리되는 공원과 더럽고 오염된
것을 처리하는 매립지로 공간의 가치가 나뉜다.
공원이 아닌 것은 바깥으로 밀려난다. 서울을
공원화로 공원이 아닌 곳을 매립지로 공간의 가치를
설정한다면, 한국은 서울과 서울 아닌 것, 공원과
매립지로 공간의 가치로 나뉘질 수 있다. 非공원은
쓸모없음으로 여겨지는 것을 감추고 은폐하지 않고
여과 없이 드러내는 공간과 장소이며 보이드의
영역에서만 나타나는 오드라데크의 출몰지이다.

특정한 공간과 장소를 통제·관리·제한한다는 사실이
팬데믹이라는 국가적 재난 상태였을 때 가시적으로
드러났다. 상품 기능이 저하된 곳은 제일 먼저
차단, 폐쇄되기에 도시 안에서 공공성을 시험받지
않는 장소는 찾아보기 어려워진다. 국가는 노동과
생산에 따른 공간과 장소를 최우선으로 보고 있으며,
따라서 쓸모 유무로 판단하는 과정에서 공간과
장소의 폐쇄성은 '공공성'과 '공동성'을 귀속하기
용이해진다. 공공성을 확보된 안전망으로 귀속할 수

있지만, 그 외 공공성을 둘러싼 담론의 이야기 자리는 부재하다. 공공성마저 국가 행정력이 주도하는 담론과 자본화된 가치구조로만 여겨진다면, 자본주의 논리구조에서 탈각된 존재들은 기초적인 생존권의 권리마저 위협당하게 된다.

조르주 아감벤(Giorgio Agamben)은 『목적 없는 수단』에서 "인간(역량을 지닌 존재로서의, 다시 말해서 제작할 수도 있고 제작하지 않을 수도 있는, 성공할 수도 실패할 수도 있는, 자신을 잃을 수도 발견할 수도 있는 존재)은 삶이 행복에 부여되어 있는 유일한 존재이다."[8]라고 밝혔다. 쓸모를 요구하는 도시 안에서 일 없음, 무 쓸모, 텅 비어있는 공허의 상태를 사유할 수 있을까. 쓸모 여부를 판단하는 오늘날의 사회에서 無능력을 소유하는 일이 획득하기 어려운 사회적 역량 중 하나라고 생각을 전환해보자. 無(한)능력을 소유하는 일을 우리의 필수 능력 중에서도 최우선으로 둔다면? 무(한)능력을 갖춘 자가 기존의 체계와 문법, 수단을 넘어서는 새로운 정치의 주체로 도래할 수 있지 않을까. 무(한)능력, 잠재성은 의지-없음과 결여와 박탈된 상태로 나타날 것이다.

생산·효율·상품 기능에 따른 쓸모 여부로 토지 가격을 매기고 그렇지 않은 땅은 소외와 배제로 치환한다. **<非공원>과 <녹색을 사용하는 방법>** 챕터는 도시에서 생산 기능이 저하된 곳이 도심 안에서 찾아보기 어렵다는 문제를 구체화한다. 도시가 쓸모 있는 것과 없는 것을 선별하고 처리하는 과정과 도시 개발과 공원(녹지화)의 역사를 분석한다. 한국 사회 '공원'의 역사는 해방 후 폐허화와 산업화의 따른 격변기를 담고 있다. 녹지 공원을 개발하고 상품에 따라 발생한 쓰레기를 매립한다. 재개발된 녹지 공원은 숲세권으로 조성되고 땅의 가격을 매기는 수단이 된다.

<대대손손> 챕터는 생산성 여부로 도심이 확장될수록 지역 소외 현상이 심각해지고 있음에 주목한다. 고령화, 인구 저밀도, 청년 일자리, 폐기물 불법 매립이나 플라스틱 쓰레기 문제는 심각한 수준을 넘어섰다. 도시에서 쓸모 여부로 휴지기가 사라지면서 사람이 사라지는 지역엔 도시에서 밀려 나온 쓰레기가 자리 잡는다. 서울과 충청남도 부여를 오가며 공간과 장소를 재점유하고 탈취하는 실험을

다루며, 대대손손 번영을 누릴 땅의 가치에 대한 단상을 담고 있다.

물리적 장소와 공간을 재점유 또는 탈취하는 방식을 다룬 **<출몰지>** 챕터는 공간과 장소를 탈주하고 공간을 재점유하는 방식, 물리적 공간이 지닌 한계, 휴지기의 장소와 공간을 본원적 인간의 감수성으로 어떻게 해석해야 하는지에 관한 사례를 가져와 회복할 감수성-감각이 무엇인지 되짚는다. 기획자, 예술가, 연구자의 글이 저마다의 갈래로 뻗어나가며 오드라데크의 정해지지 않는 주거지를 포착한다.

7 전시 도록 「정해져 있지 않은 거주지: 오드라데크」, 5쪽, 2022년

8 조르조 아감벤, 『목적 없는 수단』, 김상운, 양창렬 옮김, 난장, 2009, 14쪽.

윤치호(1865-1945)는 "공원은 아름다우며,
여행자에게 구미의 과학과 기술이 여하히
불모의 섬을 즐거운 자신의 집과 같은 휴식의 장소로
바꾸어 만들어 버리는가를 생각하게끔 해 준다.
(……) 유럽인은 자연을 컨트롤할 줄 알고 있다"[9]고
일기에 기록했다.
그는 공원이 계몽의 시설인 동시에 복지시설이라고 생각했다.

9 강신용 외, 『도시공원사』, 대왕사, 2004, 27쪽.

정자

민주

No fixed abode: Odradek   No fixed abode: O

우리 동네에는 정자가 하나 있다. 신발을 벗고
올라가 누울 수 있는 대청마루 스타일의 정자다.
놀러 온 사람들에게는 도심 한복판에 있는 한옥
마을의 정취를 만끽할 수 있는 곳이고, 마을
주민에게는 중고 거래 핫 스팟이자 잠시 앉아 쉬어갈
곳이다. 하루빨리 동네 친구를 만들어 이곳에서 같이
맥주를 마시리라고 이사 오던 날 마음 먹었던 기억이
난다. 그러나 오래되지 않아 정자는 폐쇄되었다.
돌림병이 돌았기 때문이다. 사람 둘이 붙어 있는
것을 무서워하던 시대다.

정자가 문을 닫자 가장 크게 영향을 받은 건 할머니
무리였다. 예전 같으면 아침나절 하나둘씩 정자에
나타나 해가 질 때까지 머무르던 그들이었다. 의자를
몇 개 더 가져다 두고선 서로의 가는귀에 고담을
주고받는 소리가 매일 들려오고는 했었다. 정자에
신을 신고 오르는 젊은이에게 호통을 내리는 소리도
종종 들렸다. 네모난 정자의 한 면은 항상 그들
차지였다. 그러던 그들이 더는 보이지 않았다. 여럿이
모이기를 삼가라는 나라의 지침과 함께 정자에도 더
이상 이곳을 이용할 수 없다고 써진 현수막이 붙었기
때문이다. 정자는 원래 아무나 와서 머무르라고 만든
곳이니 전염이 일어나기 쉬운 곳이긴 했다. 입구에

진입 금지 테이프가 감기고 나서도 어물쩍 엉덩이를 들이미는 사람이 근절되지 않으니 막판에는 거대한 천막이 내려와 정자를 통째로 봉했다. 할머니 무리는 와해하였다. 몇몇은 막힌 입구 밑 돌계단이나 주변 보도에 쭈그리고 앉아 만남을 이어갔지만 전처럼 기를 펴고 해를 쬘 수는 없었다. 명실상부 동네 인사이더였던 그들은 꼭 없는 듯으로만 거기에 있었다. 훗날 다시 공장이 돌아가고 하늘이 예전만큼 뿌예졌을 때도 그 위용은 돌아오지 않았다.

그렇다고 동네가 다 죽어버린 것은 아니었다. 물론 재난 초기에 마을 상권은 거의 초토화 상태였다. 도대체 손님이 오지를 않고 또 오더라도 인원을 제한해 조금씩만 가게에 들여야 했으니 말이다. 사장들은 하나같이 죽을상이었다. 꼬박 일 년을 손해만 보면서 버티거나 끝내 폐업을 하는 경우가 많았다. 사장의 울분을 감당해야 하는 알바생도 고역이긴 마찬가지였다. 그러나 사람들은 결국 돈을 쓰러 나왔다. 외출을 자제시키기 위해 정부가 이렇게 저렇게 노력하긴 했지만, 어쨌든 자영업자를 모두 굶길 수도 없고 사람들로 하여금 자기들이 번 돈을 마음대로 못 쓰게 할 수도 없는 노릇이었다. 놀러 온 사람들로 동네가 북적이는 날이 차츰 늘었다.

어느 주말엔 마을 어귀가 사람으로 가득 차 발
디딜 틈이 없었다. 그들은 사랑하는 사람 손을 잡고
바람을 쐬고, 그간 참아온 권리를 위해 시위를 하고,
마침내 차나 식사를 찾아 이 가게 저 가게로 흩어질
것이었다. 음식값을 지불하고 냉난방이 되는 공간을
누리기 위해 좋은 찻집과 식당을 미리 찾아놓은
참이었다. 인기 있는 가게들이 내부 인원 수칙을
지키기 위해 가게 바깥에 세워놓은 웨이팅 줄의
길이가 우리 마을이 되찾은 활기를 실감케 했다.
자본이 협력하는 문화와 자본의 향방을 결정하는
젊은 욕망들은 신중하고 조심스럽게 중간에서 만나
전염병에 맞섰다.

그래서 우리 마을은 폐쇄된 정자만 빼고 모든 이가
조우하는 만남의 장소가 되었다. 그러는 와중에도
터줏대감 노릇을 하던 할머니들은 정자 옆 바닥에
듬성히 앉다 사라졌다. 보도에 모여 앉은 노인
무리와 이 가게서 저 가게로 분주히 오가는 손님
무리가 석연치 않은 대조를 이루었다. 시장을 지나온
노인은 짐을 바닥에 내려놓고 어느 가게 앞에 놓인
간이 의자에 앉아 다리를 쉬었다. 카페에 들어가서
커피를 시키고 조금 쉬었다 가면 좋으련만 그네
세계엔 그런 게 없는 듯했다.

정자는 일괄 폐쇄되었지만 그 결과가 모두에게 일괄적인 건 아니었다. 누구는 정자 대신 다른 공간에 갔지만, 누군가는 달리 갈 곳이 없어 그냥 집에 있었고, 또 어떤 이는 집이라는 위험을 떠날 수 없게 되었기 때문이다. 위기가 오자 돈을 쓰지 않아도 갈 수 있던 공간이 먼저 닫혔고, 돈을 쓰기 어려운 사람부터 공간이 좁아졌다. 공짜 장소, 공금으로 운영되는 장소, 공공의 장소가 공익의 이름으로 닫히자마자 자본의 인정과 사정이 인간 자유의 전역을 차지한다는 사실은 시대의 구조를 정확하게 반영한다. 돈으로 공간을 살 수 없는 사람은 돈이 없는 사람뿐 아니라 돈의 타깃에서 제외된 사람이기도 하다는 걸 우리는 원래도 어렴풋이 알고 있었다.

세계적 감염병을 겪으면서 우리는 자유의 구체적인 의미 중 하나가 공간임을 깨달았다. 공간이 없어지자 즉각 부자유해지는 경험을 몸과 기억에 기록했던 것이다. 전염병에서 살아남은 자를 괴롭히는 건 묶여있다는 사실이다. 자유인은 언제 어디서부터 좀이 쑤시기 시작하는지를 섬세하게 알아챈다. 이 섬세한 감각이 우리 자유의 핵심이라면, 무엇에 마비되었고 무엇에 무감각한가가 이 자유의 전제를

식별하는 렌즈일 것이다. 공유지 폐쇄는 자유가
더는 보편적인 게 아니게 되는 경계를 새로 긋는다.
자유의 격차를 공유 공간으로 완화하려는 것이
애초의 계획이었기에 공유지 폐쇄로 인한 소외가
차등적으로 발생하는 것은 우연한 일이 아니다.

이 시대의 자유는 여러 겹으로 된 등고선을 그린다.
자유는 균등한 두께의 판이 아니다. 그리고 가장
넓고 낮은 등고판은 수시로 떨어져 나갔다가 모양이
조금 바뀌어 다시 붙기를 반복한다. 공공성이라는
얇은 보호막을 치기 위해 노력해온 역사는 길고
끈질기지만, 자생했다고 알려졌고 유례없이 번창한
자본의 권능 아래로 떨어지기는 유별난 일이 아닌
것이 우리의 자유이다.

No fixed abode: Odradek   No fixed abode: Odradek

No fixed abode: Odradek   No fixed abode: Odrade

공회전 시대 캬공원 탐색기

No fixed abode: Odradek No fixed abode

강정아

서울과 非서울, 공간 점유방식: 인구 과밀도, 휴지기가 사라진 도시의 현상

영국의 작가 폴 드라이버(Paul Driver)는 공원에 대한 생각을 다음과 같이 표현한다. "공원은 바쁜 일상 속에 괄호와 같은 존재이다. 공원은 마치 잠시 자신에게만 몰입하면서 광활하게 펼쳐진 초승달 안으로 들어가는 문이기도 하다. 거기서 잠시 당신은 유영하곤 하는데, 그곳은 늘 변치 않고 당신이 잘 알고 있고 좋아하는 온전한 녹색의 개방 공간이다."[10] 이렇듯 공원은 조용하고 외부와는 단절된 영역을 제공하지만, 공원 문을 나서자마자 우리는 출퇴근 지옥철, 미디어 매체의 일방적 소통과 사건 사고가 범람하는 세상으로 돌아온다. 공원은 생활 속 풍요로운 쉼이자 휴지기를 선사하며 몸과 마음이 잠시 쉬어가는 곳이기도 하다.

도시의 다양한 공간에는 목적에 따른 기능성이 있지만, 공원은 특별한 기능이 부여되지 않은 여백의 공간이라고도 불린다. 공원을 "도시의 제2의 신체"라고도 한다. 하지만, 코로나19와 팬데믹 시대를 겪으면서 공원 또한 사회구조에 편입된 기능으로 작동된다는 점이 드러났다. 빽빽한

건물들 사이, 꽉 막힌 교통체증에 어디로 떠날 수
없을 때 도시인들은 가까운 근교나 집 앞 공원에서
휴식을 취한다. 작은 공원의 경우 이러한 기능마저
마비되었다. 집 앞 놀이터만 하더라도 아이들의
웃음소리를 찾아보기 어렵고 햇살의 즐거움을
만끽하러 온 노인의 수도 줄어 들었다. 이제 더는
예년과 같이 공간을 거닐고 사유하기란 쉽지
않아졌다. 휴식과 쉼을 동반한 장소와 공간은 국가의
통제와 관리에 의해서 작동하고 제한된다는 것,
비생산과 비효율, 생산기능이 동반하지 않는 곳이
가장 먼저 차단된다는 것. 그것은 구획된 공간과
장소의 문제와도 연결되었다. 코로나19 바이러스로
역전 노숙자에게 제공되는 무료 급식이 중단되었다.
무더위 쉼터나 대합실 의자조차 차단됨으로써
이들이 머물 자리는 사라졌다.

공원의 유래[11]를 찾아보면 공원은 사냥감을 가두는
것으로부터 시작한다. 공원은 귀족이 자신의 지위를
점유하는 장소였다.

도시 공원의 제작 과정을 살펴보면 이러한 공원의
유래와 닮아있다. 한국 사회 '공원'의 특징은 점거와
점유를 기반으로 녹지를 개발한다는 점이다.

철거되고 쫓겨난 자리, 상품이 버려진 잔해를
매립하는 곳, 그곳을 다시 녹지 공원으로 조성하는
과정에서 도시 개발과 녹지의 제작과정이 자본주의
순환 체계와 맞물려 있다는 점을 발견할 수 있다.

한국 최초의 공원으로는 현재 탑골공원이라
불리는 파고다 공원이 유력하다. 서울시 종로구에
위치한 파고다 공원은 원각사지 10층 석탑 주위에
빼곡하게 들어선 민가들을 철거하고 원각사 자리를
고쳐 서구식 공원으로 꾸민 곳이다. 1899년 석탑
주변에 무단 점유한 주택을 철거하고 팔각정을
새로 짓고 탑과 비를 배치함으로써, 왕실은 일반
시민 출입을 통제했다. 이후 일제 총독부가 관리
권한을 가진 후 1913년부터 시민들에게 개방하였다.
공원을 도시 위생을 개선하기 위함이라기보다 근대
도시를 만들기 위한 상징적 장치로 인식했다.[12]
2차 세계대전의 혼란과 한국전쟁으로 인한 파괴로
국토가 대부분 황폐해졌다. 일제강점기의 식민지
잔해와 토지 소유의 문제가 청산되지 않았다.
황폐해진 서울에서 피난민과 빈민은 살아갈 방도를
찾기 위해 공원과 녹지를 점거하고 판잣집을 짓고
살았다. 녹지는 이들의 터전이 되었다. 전쟁 후
가난한 이들이 몰려왔고 이들은 무단으로 판잣집을

이뤘다. 이곳은 달동네의 시초가 되었다. 하지만, 이곳 또한 그들의 집이 될 수 없었고 가난한 자들은 또 다른 녹지를 찾아 이동할 수밖에 없었다. 그렇게 판잣집을 허물고 파고다 공원이 만들어졌다.

1971년 준공된 여의도 공원의 처음 이름은 5.16 광장이기도 했다. 박정희 정권 때 비상활주로로 사용되어 군용 비행기를 전시하기도 했다.[13] 여의도 부지는 일제강점기 때 활주로로 건설되었지만, 잦은 침수로 공군기지는 성남시로 이전했다. '여의도 개발계획' 수립 후 침수 문제를 해결하기 위해 밤섬을 폭파하여 제방을 쌓았는데, 당시 밤섬에 사는 이들은 마포구 창천동 지역으로 강제 이주하게 된다. 서울 시가지가 강남 등으로 확장됨에 따라 강북의 일부 학교를 강남으로 이전하였고 그곳을 공원으로 조성했다.[14]

한국전쟁 후 한강 남쪽 개발로 도시가 확장되면서 정부는 경제개발 논리 하에 강남, 여의도를 개발했고, 낙산 공원, 와우 공원 등을 해제하고 현재 철거된 시민아파트도 그 당시에 한꺼번에 지었다. 60년대 산업화로 일자리를 찾아 지방민들이 서울로 몰려들기 시작하면서 심각한 주택난으로

인해 무허가 건축물이 급증하게 된다. 박정희
대통령은 당시 서울특별시 시장 김현옥에게
무허가 건물조사를 한 후 전수하도록 했다. 전수된
무허가 건물에 사는 인원 모두를 쫓아낼 수는
없기에 철거민들을 이주시키기 위해 만든 것이
시민아파트이다. 그렇게 서울에 거주하는 시민의
터를 내몰고 내어준 시민아파트가 철거되게 된
계기엔 결정적인 사건이 있다.

난개발로 인한 빈민 주거지 취약화

출처: 서울특별시 소방재난본부(1970)

강정아

첫 번째 사건은 1970년 **와우아파트 붕괴사건**이다. 가파른 와우산을 무리하게 깎아 5층짜리 아파트가 34동이나 들어섰는데, 준공 4개월 만에 무너졌다. 붕괴로 아파트 아래에 위치한 판잣집 또한 무너져, 그 잔해로 한 명이 사망하고 두 명이 다쳤다. 총 34명의 사망자와 부상자 40명이 발생했다.[15] 부실 공사가 이 사건의 원인으로 꼽힌다. 지반공사를 하지 않고 시멘트 함량이 적은 불순물이 가득한 콘크리트 반죽으로 아파트를 건설했다. 아파트를 짓는 평평한 땅은 비쌌고 시민들을 위한 아파트를 짓는 부지는 산 가장자리가 되었다. 무너진 와우아파트가 철거되고 철거 부지에 와우 공원이 조성됐다. 와우아파트 붕괴로 시민아파트 안전 문제가 크게 부각됐다. 부실 공사에 따라 발생한 문제를 전부 해결할 수도 없었기 때문에, 보수가 어려운 시민아파트는 십 년도 안 되어 철거되었다. 1970년 와우 아파트 사건은 과거의 사건이 아니다. 여전히 현재까지도 유효한 문제이다. 2021년 1월 11일 광주광역시 서구 화정 아이파크아파트 붕괴사고가 발생했다. 201동 39층 작업 중 23~38층이 무너졌고, 사고 직후 붕괴 잔해에 깔린 실종자 6명 모두 사망했다. 사건의 원인으로는 입주 시기를 앞당기기 위한 무리한 공사 일정과 불법 증축 또는 부실시공 등 여러 정황이 보도되고 있다.

붕괴 사고 여파로 '아이파크' 브랜드 이미지는 큰 타격을 입었고 아파트 집값 하락을 우려하여 아파트 개명 요구가 잇따른다고 한다.

무허가 건축물에 주민과 철거민 사이의 사람들이 거주하고 있다. 이들에게 제공된 시민아파트는 처참히 무너졌고 집 없는 이들은 터를 잃어간다. 터를 짓기 위해 낙산, 인왕산, 남산 기슭, 청계천 주변에 우후죽순 판잣집이 생겨났고 달동네가 형성되었지만, 지금은 사라졌다. 청계천 일대에 많은 빈민들이 모였는데, 식수 공급조차 원활하지 않았던 당시에 청계천은 이들의 식수였고 세면장이자 빨래터였다. 그렇게 몰려든 이들이 거주한 곳을 '불량지구'라 부른다. 박정희 정권은 경제개발 5개년 계획에 따라 도시 정비 실행 의지가 강고했고 청계천 구간을 복개하기로 한다. '불량지구'는 경제개발계획이 추진하게 되면서 '재개발구역'으로 명칭이 바뀌게 된다. 재개발에 따라 강제 철거민들의 수는 급증하게 된다.

경찰과 대치 중인 광주대단지 주민들(1971), 사진제공: 경향신문

두 번째는 **광주대단지사건**이다. 집을 잃은 철거민을 이주시키기 위해 경기도 광주군(지금의 성남시 수정구와 중원구)에 대규모 이주단지가 조성되게 된다. 철거민을 이주시키는 과정에서 이주 동의서를 받고 '다시는 서울로 이사 오지 않겠다'는 서약을 쓰게 한다.[16] 돌아갈 곳이 없게 된 철거민에게 토지 분양과 일터를 제공한다는 조건으로 이들을 이주시킨다. 하지만 삶터를 기대한 광주대단지엔 식수나 화장실 등 기본적인 시설조차 마련되지 않았다. 버스나 교통, 공장은 물론 생계 수단도 없는 황량한 터전에서 생계 활동은 불가능했다. 설상가상 철거이주민에게 분양권을 준다는 계획과는 다르게 분양권이 불법

매전되는 사태에 이르면서 이주민에게 제시했던 땅값은 대폭 오르게 된다. 이주한 곳에 새 터를 잡을 수 있는 기반의 부재와 약속한 값보다 폭등한 땅값은 입주민들의 분노를 촉발했다. 타 지역에서 주민을 강제 이주시키는 과정에서 한밤중에 군용트럭을 동원했고, 철거민들을 트럭에 태웠던 정부와 서울시의 일방적, 폭력적 행정 행위에 대해 철거민들이 항거했다. 1971년 8월 10일부터 12일까지 경기도 광주군(지금의 경기도 성남시) 개발 지역 최대 6만에 이르는 주민이 공권력을 해체한 채 도시를 점령하고 폭동을 일으켰다. 이에 서울시장과 경기도지사는 이들의 요구 조건을 수용했고, 사건은 3일 만에 일단락됐다. 2021년 6월 28일부터 광주대단지사건은 도시빈민투쟁과 전국 최초의 민권운동으로 평가받아 '8.10 성남민권운동'으로 명칭이 변경됐다.

2021년 광주대단지였던 성남 일대 일부 지역은 개발권을 둘러싼 '대장동 게이트'로 떠들썩하다. 보전녹지 지역으로 방치됐던 이곳은 노른자 땅으로 천억 원대의 수익을 올린다는 소문이 파다하다. 내 땅과 네땅을 둘러싼 이해관계는 복잡하다. 하늘의 도움으로 천하를 얻고자 하는 '화천대유'의 회사의 소유를 두고 의견이 분분하다.

대한민국이 집터를 잃어 새터를 만드는 과정에서
빈부격차는 심화된다. 기초적인 생활의 삶터를
제공했던 청계천은 복개되어 청계천 고가도로가
연장되어 건설됐고, 고가도로 아래 하천부 또한
복개되어 길과 길은 끝없이 뻗어나간다.

쓰레기장: 빈민 주거지의 보이드화

또 하나, 하늘공원이 된 난지도를 살펴볼 수 있다.
난지도는 마포구 망원동, 상암동 일대에 위치하며
한강 어귀 낮은 평지로 갈대숲이 우거져 철새들의
낙원이기도 했다. 하지만, 잦은 홍수로 수해를 입는
지역이었다. 급격한 산업화로 도심 내 연탄재와
쓰레기가 넘쳐났고 이를 처리할 쓰레기장이
필요했기에, 한강 하류의 난지도 난지천을 막아
거대한 쓰레기 하치장을 만들었다. 난지도가
1978년 쓰레기 매립지로 지정되면서 서울시,
수도권 쓰레기가 모여 쌓이게 된다. 난지도가
쓰레기 매립지가 된 이유 중 하나는 국가 소유
땅이라는 이점에 있었다. 갑작스럽게 난지도를
빼앗긴 주민들은 강변에 판잣집을 지었고 곧장
쓰레기장으로 모여들었다. 쓰레기 더미에 버려진
넝마를 줍기 위해서였다.

쓰레기가 버려지고 있는 난지도 쓰레기장의 광경(1989), 사진제공: 경향신문

난지도는 연탄재와 생활 쓰레기 그리고 폐기물 쓰레기 두 개의 산으로 형성되었는데, 건축자재들이 버려지기 시작하면서 재사용 쓰레기를 줍기 위해 몰려든 인구가 장장 3,973명(1984년 기준)이나 되었다. 난지도에 몰려든 사람들이 고물과 폐품을 팔아 돈을 벌기 시작했고, 주변에 고물상이 생겨 이들이 모은 폐품을 수집했다. 쓰레기 도매업자는 신흥 부자로 거듭났고 고물상들은 넝마를 헐값으로 샀다 비싸게 팔아 이익을 남겼다. 이른바 '폐품경제'를 만들어냈다. 난지도의 애절한 삶을 표현한 조세희의 소설 『난장이가 쏘아올린

작은공』(1978)은 이들의 이야기를 잘 그려내고 있다. 갈대숲이 우거진 난지도는 거대한 쓰레기 산으로 변모했고 악취와 폐기물에서 나오는 오염수는 심각했다. 메탄가스로 화재가 빈번하게 일어났고 1990년 매립장 800여 동의 움막이 타버리는 화재가 발생했다. 거대한 쓰레기 산이 쓰레기조차 품을 수 없는 지경이 되자, 인천의 해변에 하치장을 마련하여 서울의 쓰레기가 인천 하치장으로 이전되기에 이르렀다. 인천의 매립지 또한 2025년 이후 서울·경기 쓰레기를 더 이상 받지 않겠다고 선언했다. 서울시는 쓰레기 문제를 해결하기 위해 대체 쓰레기 매립지 장소를 물색하고 있다.

난지도에 버려지는 삼풍백화점 붕괴 현장에서 나온 콘크리트 조각과 못 쓰게 된 상품들(1995), 사진제공: 경향신문

1993년에 난지도 매립지의 수용량이 한계에 도달하여 폐쇄되었다. 폐쇄 이후 딱 한 번 더 매립된 적이 있는데 1995년에 발생한 삼풍백화점 붕괴 후 남은 잔해 때였다. 엄청난 양의 콘크리트와 철근, 폐기물을 난지도에 매립했고 이 과정에서 실종자의 유골·유류품을 찾아 유가족들의 발걸음이 난지로도 향하기도 했다. 실종자 명단에 올랐던 이의 부분 사체가 발견됐고, 석고 마네킹에 실종자의 소지품이 섞여 실종자 시신으로 잘못 처리되었다. 비통한 사건이 안일하고 무성의하게 처리되었음을 보여준다.[17] 이후 서울시는 난지도를 생태공원으로 조성하기로 결정, 쓰레기 산을 덮고 공원 건설을 시작했다. 쓰레기에서 발생하는 메탄가스와 혼합물에서 나오는 에너지는 인근 월드컵공원과 서울월드컵경기장 시설의 열 에너지원으로 활용되고 있다. 계절마다 푸릇한 잎사귀와 억새를 볼 수 있는 하늘공원과 노을공원은 쓰레기 매립지 부지에 건설한 공원이었다.

공원의 용도 목적이 일반 대중을 위한 것으로 변경, 확장하면서 도심 내 크고 작은 여러 공원이 생겨났고 이것이 오늘날의 '공원'이 되었다. 공원은 정치적 목적, 민족주의, 반공, 근대화, 국방력을 과시하는 상징으로 이용되기도 하며 개발, 파괴, 복원되기를 반복한다. 공원의 유래와 맞닿는 도시 개발과 철거민의 역사를 살펴봤을 때, 도심 내 공원의 탄생은 산업화와 개발에 따라 필연적으로 녹지 파괴를 수반하며 녹지를 자본으로 삼아 개발하는 상황을 반복 연출한다. 국가는 하천부지, 산자락을 도시미화(불량지구), 산업화(재개발), 자본화(생산성)를 기반으로 녹지를 부수고 개발하고 개발한 곳을 다시 녹지로 매끄럽게 덧칠한다.

중심을 위해 주변이 착취되는 구조, 가난한 사람들이 밀려 나간 자리가 지워지는 서울의 역사에서 정해져 있지 않은 거주지에 머무르는 오드라데크를 목격할 수 있다.

10 Paul Driver, 'Parenthesis on Parks', *Manchester Pieces*, London: Picador, 1996, pp.155-156. 조경진, 「공공예술을 통한 도시공원의 미학과 공공성의 회복」('도시공원 예술' 공개 워크숍 및 전시 <도시 공원: 숨쉬다> 기조발제, 서울대학교 환경대학원)에서 재인용.

11 "파크(park 혹은 parke)란 단어는 13세기 문학에서 처음 등장하는데, 옥스퍼드 영어에 따르면 파크는 원래 사냥을 위해 동물들을 가둘 목적으로 왕실에 의해 부여된 일련의 토지였다. 주변의 두꺼운 울타리나 벽으로 둘러 싸여져 있다는 점에서 사냥터와 숲과는 구별되었다." (한국민족대백과사전 '공원')

12 한국의 경우 1880년대 중반부터 정착된 것으로 보이며 당시 해외 파견 사절단의 보고서나 개인의 일기 및 견문록에서 확인된다. 1880년 이전에 눈에 띄는 사용이 확인되지 않는 것으로 보아 1876년 개국 이후 공원에 대한 정보가 유입된 것으로 보인다. 사절단과 유학생의 기록에서 확인되는 도시공원에 대한 표상은 근대화의 중요한 상징이 된다. 서구에서 유입된 도시공원에 대한 생각은 최초의 공원 조성에 영향을 미치게 된다. 1896년 독립협회가 발족하면서 근대 계몽과 도시위생 개념, 조선의 자주독립 수단으로 독립공원 계획이 수립된다. 이 책의 64쪽 참고.

13 「당신의 기억 속에 여의도는 어떻게 남아있나요?」, 서울문화in, 2021. 8. 3, 2022. 5. 5 접속, http://www.sculturein.com/bbs/board.php?bo_table=news&wr_id=6131

14 「서울시 공원녹지 정책변화」, 서울정책아카이브, 2017. 4. 21 수정, 2022. 5. 5 접속, https://seoulsolution.kr/ko/content/%EC%84%9C%EC%9A%B8%EC%8B%9C-%EA%B3%B5%EC%9B%90%EB%85%B9%EC%A7%80-%EC%A0%95%EC%B1%85-%EB%B3%80%ED%99%94

15 와우아파트 붕괴 참사에 관하여는 다음을 참고. 민주화운동기념사업회 사료관 오픈아카이브. https://archives.kdemo.or.kr/contents/view/199

16 「역사 속 8월 10일 도시빈민의 절규, 광주대단지」, 오피니언 뉴스, 2018. 8. 9, 2022. 04. 28. 접속, http://www.opinionnews.co.kr/news/articleView.html?idxno=10729

17 "난지도 잔해물적재지역 1만 5천여 평 가운데 9천 6백여 평에 대한 검색작업이 완료, 64%의 진척도를 보인 것을 감안하면 검색작업이 마무리될 24, 5일쯤 난지도에서만 유골·뼈 등 30여 점의 부분 사체가 나올 것으로 여겨진다." (「부분 시신 난지도서 잇단 발견, '삼풍' 희생자 수습 엉망」, 서울신문, 1995. 07. 22, 2021. 04. 28 접속, https://www.seoul.co.kr/news/newsView.php?id=19950722023001)

No fixed abode: Odradek   No fixed abode: Odradek

No fixed abode: Odradek   No fixed abode: Odradek

No fixed abode: Odradek   No fixed abode: Odradek

일제식민기의 공원과 토포포비아

강병우

오래전 누군가의 손바닥에 귓불을 맡기길 참
좋아했지만, 귓바퀴가 맡겨지기 훨씬 전부터 손바닥은
손가락의 차지였습니다. 손은 움켜쥐는 것을 스스로의
운명으로 삼고 있지 않을 테지만, 무엇 때문인지
주먹 쥠은 습관처럼 쉽습니다. 그런데 바득 잡은
손에서 "뽀드득" 눈 밟는 소리가 납니다. 어쩌면
"까드득"일지도 모릅니다. 겨울 소리가 납니다.
나는 분명 어디선가 들어본 적이 있는 소리입니다.

겨울 소리는 비벼지는 소리와 닮았습니다. 초등학교
2학년 때인가요. 분명 더 오랜 역사가 있겠지만,
내 기억은 겨우 여기까지인 듯합니다. 포항의 어느
바다에서 빈 소라를 처음 집어 들었을 때 나는 배운
대로 행동했습니다. 바다를 품은 소라에서, 잃은
바다를 찾을 수 있을 것이라고. 그런데 여러분은
찾으셨을지 모르겠습니다만, 나는 찾지 못했어요.
바다의 깊고 두터운 소리보다는 훨씬 건조하고 얇은,
부서지는 소리 같았어요. 오히려 바람 바스러지는 소리
같은 것이요. 건조하고 차가워서 가볍게 하늘로 오르는
소리요. 그해 바다는 분명 여름이었는 듯하지만,
나는 그 이미지를 회상할 때면 조금 추워집니다.
— 강병우의 「겨울시」(2018) 중에서

시절이 사진 한 장으로 남는다는 말은 인화된
종이에 인물이 배경과 바짝 붙어 분리되지
않는다는 것을 뜻한다. 아무런 위화감 없이 시절을
그려볼 때 불러야 할 것들이 많아졌다. 그날에

입었던 옷, 머물렀던 집, 어떤 이의 피부, 고장 난
뻐꾸기시계 소리가 주체의 배경이길 그만둔다.
더는 인물과 배경이 구분되지 않는다. 만약 사진의
귀퉁이가 찢어졌다면 그만큼 회상을 꿰어낼
단추 하나가 부족해진다. 이럴 때 전력을 다해
기억을 복원하는 일은 인간과 사물과 배경을 분리
불가결한 애착으로 다시 부르는 일일 것이다.
인간과 배경 간의 이러한 정서적 유대와 감응을
토포필리아(Topophillia)라고 한다. 장소애[18]라고
번역할 수 있는 토포필리아는 고향의 애착 가득한
향수(鄕愁)와 유사하다. 인간은 어쩌면 시간보다
장소에 밀접한 정체성 연관을 지니고 있을지도 모른다.

토포필리아는 사진처럼 인간과 사물을 한 장으로
담아낸다. 사진의 입장에서 인간과 사물은 구분되지
않는 객체라서, 하나가 일방적인 관계를 점유하지
않는다. 사물과 인간은 서로 모방하며 하나의
감응구조에 결속된다. 이것이 토포필리아가 지닌
커머닝(commoning) 효과이다. 장소와 인간
그리고 비인간 커머너들이 오랜 시간에 걸쳐
정서적 유대를 쌓아간다. 이러한 토포필리아는
강렬한 경험이라기보다 무의식의 차원에서
섬세하게 형성되는 퇴적의 과정이다. 그렇게

커머너들은 서로 관여하며 서로를 공동 구성한다. 커먼즈(commons)를 공유된 자원과 공동체뿐만 아니라 그것을 공통으로 관리하고 운영하기 위한 실천이라 이해한다면, '커머닝'은 새로운 커먼즈를 만들려는 일련의 과정과 노력이라 할 수 있다. 이와 반대로 감응구조의 단절은 유대를 엮어내는 장소정체성의 상실, 즉 무장소성의 표식인 토포포비아(topophobia)가 된다. 문자 그대로 인간이 특정 장소와 맺는 관계에 대한 강한 불안과 억압, 그에 따른 혐오적 정서를 갖는 것을 토포포비아라고 한다. 토포포비아는 뒤이어 설명될 일제강점기의 신사공원과 경성에서 발견되는 뿌리-장소의 상실, 무장소성의 대표적인 감응구조이다. 커머너들의 상호 고립은 장소의 부재를 야기하고 곧 커먼즈 해체를 가속화 한다. 커먼즈의 역사는 이러한 감응구조(필리아/포비아)의 결속 형태에 따라 다르게 나타난다.

우리 사회 역시 커먼즈의 형성에서 토포필리아와 밀접한 연관을 갖는다. 동아시아 전통에서 장소와 공동체의 상호 결속은 언어에서도 확인된다. 토지신(社)[19]을 모시는 공동체가 곧 '마을'[20]이 되었고, 마을 단위의 부족연맹체가 국가를 형성하게 된다.

나라를 조정하는 사직(社稷)은 토지 신(社)과 곡물 신(稷)을 모시는 것을 뜻한다. 이렇게 공동체는 땅에 결속된 감응구조에서 발원한다. 이것이 우리 역사의 근본적인 장소공동체가 형성되는 과정이다. 공동체 양식의 변형은 장소(토포스)와 맺는 관계의 변화와 밀접한 연관을 갖는다. 따라서 토포포비아의 무장소성은 위에서 서술한 공동체 결속과 대조되며 공유된 장소정체성의 약화로 이어진다. 우리의 경우 일제식민의 토포포비아가 대표적인 경우가 된다. 커먼즈와 장소의 관련을 이해하기 위해 일제강점기에 공유된 토포포비아를 풀어보고자 한다. (도시)공원과 경성은 식민주의에 의해 이식된 공통 표상을 보여준다.

***

'공원'은 아편전쟁에서 패한 청나라에 조계[21]가 설치되었을 때 조성된 'Public Garden'을 번역한 신조어다. 한국의 경우 1880년대 중반부터 공원이 정착된 것으로 보이며 당시 해외 파견 사절단의 보고서나 개인의 일기 및 견문록에서 관련 기록이 확인된다. 1880년 이전에 눈에 띄는 윤치호(1866-1945)의 일기장,[22] 견문록 등 당시 문건에서

공원이라는 용어의 사용이 확인되지 않는 것으로
보아 1876년 개국 이후 공원에 대한 정보가 유입된
것으로 보인다. 사절단과 유학생의 기록에서
확인되는 도시공원에 대한 표상은 근대화의 중요한
상징이 된다.

> 공원은 아름다우며, 여행자에게 구미의 과학과 기술이
> 여하히 불모의 섬을 즐거운 자신의 집과 같은 휴식의
> 장소로 바꾸어 만들어 버리는가를 생각하게끔 해 준다.
> 참된 의미에서 유럽인은 자연을 컨트롤할 줄 알고
> 있다.[23]

서구에서 유입된 도시공원에 대한 이러한 생각은
조선 최초의 공원 조성에 영향을 미치게 된다.
1896년 독립협회가 발족하면서 근대 계몽과
도시위생 개념이 제시되고, 조선의 자주독립
수단으로 독립공원 계획이 수립된다. 독립신문은
창설 직후 발표한 한 논설에서 독립공원의 취지를
밝혔고, 그 역할에 대해 기대하는 바가 크다는 점을
표명하였다.[24] 처음에 공원(Public Garden)은
조선의 인민을 새로운 장소정체성의 (도시)시민으로
거듭나게 하는 하나의 토포스로 수입된다. 하지만
도시공원이 식민지화되면서 그 역할과 이해

또한 변형된다. 여기서 주목해야 할 것은 식민과 근대화라는 이중구속(double bind)이 공원을 매개하고 있다는 사실이다. 한국 근현대사에서 식민-근대화는 장소정체성을 구성하는 데 심대한 영향을 끼친다.

한국 근대사에서 공원은 일본의 식민정책(내선일체 內鮮一體)의 중요한 역할을 수행한다. 일제는 동조동근(同祖同根)을 강조하며 조선인들에게 새로운 (장소)정체성을 심기 위해 도시공원의 성격을 '신사공원'으로 바꾼다. 신사공원은 신사(神社)와 신궁(神宮) 경내에 조성된 경내 녹지를 뜻한다. 근현대사 초기에 조성된 공원의 경우 두 곳(독립공원, 파고다공원)을 제외한 나머지는 모두 신사 내부 녹지에 조성된 신사공원이다. 신사 부지 확장에 따라 주변의 신역화가 동반되는 공간이 되었기에 당시 조선인들에게 공원은 장소정체성의 탈각과 강요가 중첩되는 회피의 대상이었다. 예컨대 남산 인근의 조선신궁[25]은 '천황제' 이데올로기를 주입하는 도구이기에 기피의 대상이 되었다. 게다가 통감부가 남산 북면의 거류지 주변 일대에 벌채, 토석, 채취를 금지하는 행정명령을 내림으로써 물리적 유대마저 끊었다. '남산'과 분리된 유대는

토포필리아의 약화와 상실을 드러내는 예다.[26]
남산을 신역화하는 일은 결국 왕실 소유토지의
개방으로 이어졌다. 왕실 소유토지 개방은 식민
초기부터 이뤄졌는데, 특히 수도에 계획된 대부분의
공원 조성은 왕실 소유의 토지를 개방함으로써
확보된 부지이다. 왕실 소유토지의 공원화는
토지를 일반 백성에게 개방하여 조선의 정통성을
약화하려는 식민 통치의 목적과 전(前)근대적
체제에서 근대화로의 이행이란 근대성 담론이
엮여 있다. 한국의 최초의 동물원이라고 알려진
창경궁[27]의 동물원화 또한 왕실 소유토지의 개방과
토포포비아의 다른 사례이기도 하다.

신사공원과 구분될 수 있었던 독립공원이 채
빛도 보기 전에 황폐화되었고, 파고다공원의 경우
1910년 이전까지 벤치, 화단, 전등이 설치되지 않아
공원으로서 기능이 늦게 도입된 것으로 보인다.
그리고 1937년 이후 본격적으로 전시체제가
격화되며 공원은 신사공원의 기능뿐만 아니라
방공호로서의 역할도 수행하게 된다. 공원의 단어적
의미가 무색하게 공원과 시민은 사실상 정서적으로
격리되어 있었다. 오랜 시간에 걸쳐 장소와 맺은
결속이 사실상 해체의 과정을 겪으며, 공간과 분리될

수 없는 객체들의 장소정체성은 약화되기에 이른다.
종합해보았을 때 당시 조선은 공원에 대한
지배적 감응구조로 토포포비아를 공유한 것으로
이해할 수 있다.

한국 근현대사의 또 다른 토포포비아로서 경성은
식민화된 조선의 무장소성을 여실히 드러내는
공간이다. 경성역은 외관이 서구 근대화의 상징인
르네상스 양식으로 지어졌고, 그 필요가 군사적
목적 아래 세워졌다. 경성역은 끊어진 경인선과
경부선을 서울 한복판으로 끌어오면서 인천, 부산을
서울과 잇고, 조선과 대륙을 연결하는 식민 침략을
위한 물자를 수송하는 역할을 수행했다. 조선의
수도였던 경성 공간의 재편성은 철저히 식민자들의
이해에 맞게 작도되었다. 조선총독부, 경성우편국,
조선저축은행 모두 르네상스 양식으로 지어졌는데,
이러한 경관은 조선인에겐 낯선 것이었다.[28] 그들이
우편과 전보를 붙일 때는 르네상스 양식의 건물
안에서 서투른 일본 말을 써야 했다. 이에 더해
1929년 경복궁에서 열린 '조선박람회'는 옛 궁궐의
상실된 장소정체성과 제국의 통치 이데올로기를
성찰하는 토포포비아의 극단을 보여준다. 제국의
시선으로 재편성된 경성은 식민-근대화와

토포포비아의 관계, 그리고 장소정체성의 상관을 잘 보여주는 사례이다.

오늘날 토포포비아의 무장소성은 어느덧 익숙한 감응구조가 되었고, 토포필리아는 희소하고 낯선 것으로 여겨진다. 커먼즈 운동에 대한 적극적인 개입은 토포포비아와 장소정체성의 해체에 대한 비판적 성찰에서 시작해야 한다. 하지만 토포필리아가 단순히 가치 우위에 있는 감응구조인 것은 아니다. 필자가 주목하고 싶은 것은 토포포비아의 커머닝 작동 양식이다. '공유된 자원과 공동체를 지칭할 뿐만 아니라 그것을 공통으로 관리하고 운영하기 위한 실천'으로 커먼즈를 정의할 때 이 공통 운영과 관리에 참여하는 커머너에 관한 정의는 매우 중요하다. 토포포비아는 커먼즈에 관여할 수 있는 권리를 소수에게 불평등하게 분배한다. 예컨대 토지를 사유의 관점으로만 접근한다면, 소수의 커머너만이 커먼즈 논쟁에 참여하게 된다. 이는 곧 토포포비아의 공유로 이어진다. 반대로 커머너에 대한 기존 입장을 확장할 수 있다면, 토지는 더 이상 점유와 사유의 문제만이 아니게 된다.[29]

토지를 점유의 관점이 아닌 다른 대안적 시선
아래에 놓는 일은 중요한 과제다. 이 시도는 토지를
사유에 근거한 사유공간(사유화私有化)과 사용에
대한 사적공간(사적화私的化)으로 구분하는
것으로부터 시작한다. 토지에 대한 사유재산화
개념은 일제강점기에 처음으로 도입되었다. 일제의
'토지조사사업'은 신고제로 진행되어 수많은 공유지를
사유화하여 사유재산 개념으로 전환한다.[30] 이러한
사유화는 권리를 배타적으로 행사하는 소수(일본
사람 또는 일부 특권층)에게 장소를 귀속시킨다.
일부를 제외한 대다수의 농민 커머너는 장소와
분리된 주변인으로 전락하게 된다. 공유지에서 농사를
짓던 많은 농민들은 삶의 터전을 잃고 대대손손
전해져 온 토지에 대한 사용권을 박탈당한다.[31] 한순간
장소와 공유하던 유대가 끊어졌다. 반면 '사적화'는
엘리너 오스트롬(Elinor Ostrom)의 연구에 따라,
경합성은 있되 참여의 배제성은 없는 재화의
사용으로 정의할 수 있다.

> 오스트롬은 커먼즈를 경제학적 시각과 마찬가지로
> 소비에 있어서 경합성은 있지만 배제성이 없는
> 재화라고 정의하였는데, 배제성이 없다는 것이
> 물리적인 재화의 속성에서 생겨나는 것이 아님을
> 들어 비판한 것이다. 다시 말하면, 배제불가능성은

> 특정 자원을 자유롭게 사용하지 못할 경우 생존이
> 불가능하거나 매우 어렵게 된다면 어떤 개인이나
> 집단도 그 자원을 배타적으로 관리·이용하는 것은
> 사회적으로 인정되지 않기 때문이고, 또한 특정 자원을
> 형성하는 데 기여한 것이 없거나 매우 적은 개인이나
> 집단이 그 자원을 배타적으로 관리·이용하는 것은
> 사회적으로 인정되지 않기 때문이라는 것이다.[32]

공유개념에 관한 일반적인 편견은 그것을 단순한 형식적 나눔으로 이해하는 것이다. 이러한 단출한 이해는 공유지에서 어떤 사적인 수혜를 취득했을 때 나타나는 반감의 기본 정서가 된다. 우리 시대에 필요한 사회안전망은 형식적 평등성보다 적극적인 개입을 요구한다. 오히려 커먼즈가 지닌 공공성은 배재된 커머너가 확보하기 힘든 최소한의 재화를 지켜주는 역할을 수행해야 한다. 이러한 측면에서 소유와 사유를 구분해야 한다. 공공성은 소유에 대한 강력한 부정이 아니라 사유에 대한 근본적인 비판을 가리킨다. 이러한 의미에서 소유는 경합성은 있으나 참여에 대한 배제가 없고, 반대로 사유화는 소유에 대한 배제가능성을 긍정하는 것이다.

장소애의 관점에서 커먼즈의 공공성을 이해하는 것은 중요한 시도가 된다. 토포필리아의 구조는

객체 간 위계를 세우지 않으며 공유 공간 내 커머너들은 상호 관여하여 장소정체성을 공동 형성한다. 장소애의 중요한 성격인 토포필리아는 일방적인 위력을 가하는 사유의 관점에선 결코 발현되지 못한다. 행위자에게 자리를 보장해주는 것은 커머너의 확장을 통해 확보할 수 있는 중요한 효과이다. 커먼즈를 공생의 입장에서 배제불가능성을 살펴보는 것은 최근 생태문제를 '가이아'의 관점에서 바라보고, 인간중심주의의 한계를 넘어서려는 노력으로 이어졌다. 한국에서는 '성미산 데크 산책로' 공사를 반대하는 주민들의 노력과 '솔방울커먼즈'의 상상력 돋보인다.

성미산은 66m 높이의 작은 산이다. 인근 서대문구의 안산에 비해 1/20밖에 되지 않는 크기지만 멸종위기 종인 새호루라기, 파랑새 등을 비롯해 동·식물 40여 종의 터전이다. 지난해 3월 아카시아나무 100여 그루가 굴삭기로 제거되며 공사가 시작되었다.[33] 주민들 '생태계 파괴'라며 반발하였고, 공사는 잠시 중단되었다. 협의를 위해 민·관협의체가 5개월간 논의하였지만, 결국 "장애인, 노약자, 임산부 등 보행약자도 편리하고 안전하게 숲의 혜택"을 누릴 수 있는 숲의 공익적 기능을

확대하겠다고 밝히며 데크 공사를 진행하겠다는
관의 입장이 되돌아왔다.[34]

하지만 숲을 생각하는 일은 삶의 자리라는 측면에서
인간 커머너와 파랑새·너구리·아카시아나무 등
비인간 커머너 사이의 협상을 지속하는 것을
뜻하기도 한다. 협상력을 지닌 커머너의 확장은
인간 커머너뿐만 아니라 비인간 커머너의
행위력을 인정하는 것에서부터 시작한다. 커먼즈의
배제불가능성은 테이블을 넓히면서 시작된다. 위의
사례에서 주목해야 할 것은 공유 공간을 구성하는 데
있어 참여 커머너의 확장과 제한을 대립하는 두 입장
사이의 쟁점으로 이해하는 것이다. 공공성은 모두를
아울러야 한다는 비어 있는 보편적 개념이 아니다.
오히려 시급함과 당면성이 반영되어야 할 가치
차등적인 개념일지도 모른다. 하지만 그 차이를 논할
수 있는 협상자의 기준이 선제되어 있다면, 공유재의
배제불가능성 원칙은 허울 좋은 토대로 남을 뿐이다.

사진제공: 성미산을 사랑하는 주민 모임(2022)

'솔방울커먼즈'는 서울 종로구에 위치한 송현동
부지를 커먼즈의 상상력으로 사유하고 오동나무를
'주민 없는 주민센터'[35]의 주민으로 소환한다.
행위성을 지닌 객체로 오동나무를 원탁에 앉은
숨탄것[36]으로 상상하는 것은 적극적인 의미에서

강병우

행위자-오동나무를 인정하는 일이다.[37]

자연과 역사의 이분법이 안개처럼 자욱하다. 역사의 거대한 외연이 우리가 지구와 상관적 우주를 공유하고 있다는 사실을 가리고 있다. 인간 목소리에게만 증언을 맡긴다면 오늘날 생태위기는 헤아려지기 어려울 것이다. 가장 전통적인 의미에서 대지를 다시금 바라보았을 때 토지 문제가 단순하게 소유와 분배의 문제만이 아님이 분명해진다. 우리 전통에서 토지(신社)는 인간 행동의 단순한 배경이나 환경으로만 존재하지 않았다. 토지를 믿고 기리고 뫼시며 인간은 지구에 거주한다.

이상의 작업은 커먼즈의 상상력에 사물과 장소애를 덧대었다. 토포필리아를 통해 커머너의 확장을 기대하는 것은 장소애가 행위자 사이의 위계를 역전할 수 있는 단초를 제공하리라 믿기 때문이다. 앞에서 살펴보았듯이 인간의 장소정체성은 인간을 중심에 놓고 형성되지 않는다.

오늘날의 생태 문제는 더 이상 유기체-행위자만으로 쉬이 접근하기가 어려울 만큼 복잡해졌다. 생태위기라는 개념 속에는 행성차원의 시사점이

존재한다. 지구에 거주하는 객체들에게 지구는
하나의 대지로 그 속에서 관계(커머닝)를 이룬다.
어쩌면 커먼즈의 정치는 민주주의라는 상상력의
마지막 꽃일지도 모른다. 인간이기 위해 비인간
객체가 필요하며, 장소정체성은 객체적 정체성이라
부를 수 있다.

> 귓바퀴를 쓸어내릴 때 들리던 소리가 소라의 귓바퀴서
> 들리고, 어느 것도 겨울과 닮지 않았지만 나는
> 이것을 겨울 이미지라고 부릅니다. 오늘 갑자기 겨울
> 시를 찾고 싶었습니다. 여력이 된다면 겨울 시를
> 쓰고 싶었지만, 이미지가 만들어 낼 수 없는 유일한
> 이미지는 자신의 이미지라네요. 나는 글을 쓸 때 늘
> 망설입니다. 이미지 때문이지요. 그래서 늘 읽기만을
> 반복할 뿐 어느 것 하나 제대로 쓰지 못하는 것
> 같습니다. — 강병우의 「겨울시」(2018) 중에서

「겨울시」는 긴 시간에 걸쳐져 있는 사물을
그해 겨울에 불러왔다. 기억은 오랜 시간에 걸쳐
사태에 묻혀 형성된다. 토포필리아는 사물과 공간을
'우리'란 적극적인 관계로 구성한다. 더 정확히는
이 모든 것들이 객체들의 공동 구성이므로 인간
역시 객체이다. 오히려 객체이기에 우리는
공유(共有)로울 수 있다.

18 공간(space)과 장소(place)는 유사하지만 확연히 구분되는 개념이다. 추상적인 의미가 강한 '공간'에 비해 '장소'는 인간 경험이 작용하는 고유한 가치가 부여된 자리다. 그러므로 인간이 실존하는 자리는 근본적으로 장소화의 가능성을 지니게 된다. '장소'는 인간 주체의 지향성을 통해 목표를 설정하여 자신을 지향의 중심에 놓게 하는 가치중심적 공간이기도 하다. 여담으로 인간 몸을 '헤테로토피아(Heterotopia)'로 설정한 미셸 푸코(Michel Foucault, 1926-1984)의 작업이 인간주체의 탈중심화로써 몸을 재정의하는 것이 흥미롭다.

19 "고대 중국에서, 토지의 수호신 및 그 제사 또는 그 수호신을 중심으로 한 스물다섯 가구의 부락을 이르던 말." (디지털 한자사전 e-한자)

20 "동아시아 지역은 오래전부터 토지를 신[社]으로 모시고 살았다. 토지를 모시는 공동체 단위가 곧 마을[社]이었다. 가구[家]가 다섯이 모여 이웃[隣]이 되고, 이웃 다섯이 모여 마을[社]을 형성했다고 한다." (정기황, 「공유지(共有地) 개념 변화로 본 토지제도」, 『문화과학』 통권 제101호, 문화과학사, 2020, 99쪽)

21 "주로 개항장(開港場)에 외국인이 자유로이 통상 거주하며 치외법권을 누릴 수 있도록 설정한 구역." (두신백과 두피디아 '조계')

22 "정치가. 서재필·이상재 등과 독립협회를 조직하였으며, 1910년 대한기독교청년회연맹을 조직한 후 대성학교 교장으로 있다가 11년 105인사건으로 6년형을 선고받았다. 출소 후 친일파로 변절하였고, 일본제국의회의 칙선 귀족원의원을 지냈다." (두신백과 두피디아 '윤치호')

23 강신용 외, 『도시공원사』, 대왕사, 2004, 27쪽.

24 "조선이 독립한 것을 세계에 알리고, 자자손손 이때에 조선이 영원히 독립했다는 것을 전할 표시가 있어야 한다. 또한 조선의 인민이 양생하기 위해서는 맑은 공기를 호흡하고 경치 좋고 한정한 장소에서 운동도 해야 한다." (강신용 외, 위의 책, 34쪽)

25 "일제가 한국 식민지배의 상징으로 서울의 남산 중턱에 세운, 신궁(神宮)이라는 가장 높은 사격(社格)을 가진 신사(神社). 일제는 침략에 의하여 식민지를 획득하거나 조차권·위임통치권 등을 얻으면 그 지역에 예외 없이 관립 신사를 세우고 이를 총진수(總鎭守)라 하여 이를 중심으로 정신적·종교적 지배를 꾀하였다. 1910년 한국을 강점하게 된 일제는 조선총독부를 세우고 신사정책(神社政策)을 수립하여 각 지역에 관립신사를 세우고 기존의 일본 거류민들이 건립한 민간신사도 관공립화하여 지원하였다." (두산백과 두피디아 '조신신궁')

26 "서울 남산의 역사와 경관은 서울 사람들의 삶과 자취를 반영한 거울이다. 조선시대의 영광부터 일제강점기의 굴욕까지 고스란히 겪었던 남산의 존재는 서울 주민들의 생활사를 응축한 단면이라고 해도 과언이 아니다. 조선시대 이래 남산은 수도의 공간적 중심지에 있었기에 정치·사회·경제·문화적으로 큰 영향을 끼쳤다. 남산은 한성부의 도시 공간 구조를 결정하는 데 큰 작용을 했다. 풍수 국면으로 한양의 내사산(內四山) 중의 하나인 남산은 북악산과 상대해 도성 공간의 축을 결정하는 요소였다. 남산의 지형을 따라 건설된 도성은 성 안과 밖을 가르는 주거 공간의 계층적이고 차별적인 분포를 나타나게 했다." ('늘상 마주하던 '한양의 랜드마크'」, 한겨레21, 2009. 9. 24 수정, 2022. 04. 28 접속, http://h21.hani.co.kr/arti/special/special_general/25806.html)

27 "순종 즉위 후 창경궁은 일제에 의하여 크게 훼손되었다. 1909년(순종 3) 일제는 궁 안의 전각들을 헐어버리고 동물원과 식물원을 설치하였고, 한일병합조약(韓日倂合條約)이 체결된 이후인 1911년에는 창경궁을 창경원으로 격하시켰다. 또한 창경궁과 종묘를 잇는 산맥을 절단하여 도로를 설치하였으며, 창격궁 안에 일본인들이 좋아하는 벚나무 수천 그루를 심었다."(두산백과 두피디아 '창경궁')

28 "1920년대 중반 조선총독부와 조선신궁이 완공되면서 현재의 태평로, 남대문로 주변에 일제의 관공서, 금융시설, 호텔 등이 차례로 자리 잡았다. 경성(서울)역, 경성부청(서울시청), 조선은행, 조선호텔 등이 대표적인 건물들이다. 대부분 외국에서 유학한 일본 건축가들이 설계했다. 조선은행 건물의 경우 동경대학 조가학과(건축학과의 전신)의 1회 졸업생이며, 영국 유학을 마치고 당시 일본에서 설계활동을 왕성히 하고 있던 다츠노 킨코(辰野金吾)가 설계했다. 일제는 그들의 위용을 과시할 수 있는 르네상스, 고전주의(古典主義), 절충주의(折衷主義) 등의 양식주의(樣式主義) 건축으로 공공건물들을 지었다. 르네상스 양식의 건축물로는 1925년 완공된 경성역, 1915년 건설된 경성우편국, 1910년대에 들어선 조선은행 등을 들 수 있다."(김수현 외, 『제국의 억압과 저항의 사회사』, 목차: '조신신궁의 서울 미관 파괴', 민속원, 2011, 참조.)

29 "우리가 땅을 점유하는 것이 아니라 실제로 땅이 우리를 점유한다면? "이 영토에 속한다"라는 표현의 의미는 바뀌었다. 소유자를 소유하는 행위성을 지칭한다! 대지가 이젠 인간 행위의 틀이 아니라면, 그 이유는 행위의 참여자가 되었기 때문이다. 공간이 위도와 경도의 격자를 가지고 일하는 지도 제작자의 것이던 때는 지났다. 공간은 동요하는 역사가 되었다. 인간은 그 역사의 참여자 중 하나로 변화에 반응할 뿐이다."(브뤼노 라투르, 『지구와 충돌하지 않고 착륙하는 방법』, 박범순 옮김, 이음, 2021, 67-68쪽)

30 정기황, 위의 논문 참조.

31 "첫째 국가만능주의이오, 둘째 행정처의 과신이라 민간 공유로 확인함이 국유 편입에 비하여 불안정·불확정하다 하는 것은 요컨대 인민의 지식과 도덕을 무시하는 동시에 차(此)를 오즉 국가에 취하야서만 발견하랴 하는 것이니 이 엇지 인민을 무시함이 아니며 국가를 만능시함이 아니리오. 설혹 국가를 만능이라 할지라도 국가 사무 처리의 임(任)에 당하는 행정관의 선의와 완전성을 절대로 신임하지 아니 할 것 갓흐면 그 소위 불안전·불확정의 반대인 '안전'·'확정'을 도저히 기대치 못할지라." (「울산군청에 질문하노라(공유지소 문제)」, 동아일보, 1992, 재인용: 정기황, 위의 논문, 106쪽)

32 김성은, 「커먼즈 개념의 민사법적 소고」, 『토지법학』 37권 1호, 한국토지법학회, 2021, 87쪽.

33 ""고목들을 잘라낸 자리에 토종 묘목들을 심겠다는데, 지금과 같은 숲이 되려면 20~30년은 더 기다려야 한다"며 "제대로 된 설명도 없이 일방적으로 사업을 진행한 데 대해 주민들이 몹시 화가 난 상태"라고 말했다. 이어 "성미산에는 너구리 같은 네발짐승은 물론 솔부엉이 같은 천연기념물, 멸종위기인 새호리기, 파랑새 등 관찰한 새만 40여종에 달한다. 이렇게 나무를 베면 생태 교란이 일어날 수 있다"고 우려했다." (「뒷산 고목 100그루 뽑아낸 지자체의 식목일」, 한겨레21, 2021. 04. 05 수정, 2022. 04. 28 접속, https://www.hani.co.kr/arti/area/capital/989590.html)

34 「성미산 무장애숲길 조성 "숲의 공익적 기능 확대"」, 장애인신문, 2022. 02. 15, 2022. 04. 28 접속, http://www.welfarenews.net/news/articleView.html?idxno=80495.

35 "솔방울커먼즈는 "땅을 사고팔 권리는 땅문서의 주인에게 있지만, 땅의 이용과 개발은 더 엄격한 제한을 받는다. 땅은 오롯이 땅문서 주인이 만들어 낸 것이 아닌 지구, 우리가 모두 함께 만드는 것이다. 지금은 사고팔고의 문제를 논하는 것이 아닌 어떻게 쓸 것인지를 문제를 함께 의논하고, 이 땅을 함께 가꿔나갈 이들을 찾고 있다"고 말한다." (「솔방울커먼즈, 주민 없는 송현동에 '주민센터' 개관했다」, Landscape Times, 2020. 11. 2, 2022. 04. 28 접속, http://www.latimes.kr/news/articleView.html?idxno=36646)

36 '숨'은 단순히 생화학적 현상에 그치지 않는 보다 적극적인 행위자-행위성이다. 비인간 유기체에도 숨이 깃들어 있음을 알린 우리말 '숨탄것'이 있다. 숨탄것에는 인간중심주의의 한계가 엿보이지만, 비인간 유기체에게 행위력을 재분배하는 아이디어를 보여준다.

37 이 책의 146쪽 참고.

대대손손代代孫孫

* 호박 줄기 사건

충청남도 부여 어느 땅뙈기엔 호박 덩굴이 제멋대로 자라 있다. 처음부터 거기에 있었던 것은 아니고, 한 인간이 이 세모난 자투리땅에 주인이 없다는 걸 알고 심어둔 것이었다. 빈 땅의 소유권은 일정 기간 그 땅을 점유한 사람에게 돌아간다. 이 인간도 그 방법을 이용하려던 참이었다. 처음 이곳에 호박을 심은 게 자기라는 걸 밝히면 분명히 소유주로 인정될 것이다. 이 나라는 규칙이 준수되는 나라다. 그는 자기네 유일무이한 세계를 신뢰했다.

호박을 따로 관리하지 않고 제멋대로 자라게 둔 데도 다 이유가 있었다. 죽은 잎을 정리한다거나 지지대를 세워준다거나 하다가 호박이 실하게 맺혀서 동네 사람들이 저도 한 통 따볼까 기웃거리기라도 하면 큰일이다. 주인 없는 땅이란 게 알려지면 더 큰 일이다. 반면에 이렇게 사시사철 을씨년스러운 곳이라면 누가 갖고 싶어 하겠는가? 이런 노지는 쓸만한 땅으로 만드는 데 품이 많이 든다. 그런 땅에 눈독을 들이는 사람은 많지 않을 것이다. 고로 소유권이 완전히 넘어오기 전까지는 최대한 눈에 띄지 않도록 잡풀이 지저분하게 엉켜 붙어 있는 모양으로 내버려 두는 편이 나았다.

인간은 그곳이 최대한 호박과 잡초가 자생하는 곳처럼 보이게 하려고 애썼다. 동네 사람들도 오며 가며 거기에 담배꽁초나 쓰레기를 버림으로써 이 인간의 전략에 자연스러움을 더했다.

(118쪽에서 계속)

한 씨 연대기 공유지 사수편

강정아

폐허처럼 잔존하고 있는 사람이 사라지는 지역의 현상

수도권 집중의 고도화는 한국전쟁 후 1960년대부터 중앙정부가 절대적 영향력을 행사함으로써 시작했다. 한국은 후발 산업국가로 서울을 중심으로 전국 교통망을 구성하며 경제적 기반을 다져 나갔다. 서울과 수도권 주거 및 생활 조건 향상을 위해 정부는 막대한 투자를 진행했고 이는 수도권과 비수도권의 격차를 심화시켰다. 심각한 주택난과 주택보급률은 높아졌고 공급이 수요를 창출하면서 가격 폭등은 심각해져 갔다. 이것은 수도권의 비대화를 낳는 현상으로 작동되었다. 교통의 발전은 수도권과 지역의 격차를 최소화로 줄일 수 있는 하나의 발판이 되리라 짐작됐지만, 인적·문화적 자원의 부재를 해결할 방안은 아니었다. 자연스럽게 인적·문화적 자원이 서울로 치중되었고 '모로 가도 서울'이라는 예스러운 말은 제조업과 더불어 서비스업이 성행하면서 많은 지방민이 일자리를 찾아 서울로 떠나온 현상을 잘 나타내준다. 이들은 주로 일용직, 비정규직, 판매직, 단순 임시노동자로 거주할 집과 일자리를 찾는다.

대한민국 인구의 절반이 서울에 몰려있다. 서울이 생산과 개발을 근거로 공간과 장소를 구획하고 산과 강변의 녹지(공유지)를 점유하고 있다면, 지방은 어떤 형태로 녹지(공유지)를 점유하고 있을까. 이 글에서 다루고 있는 지역은 충청남도 부여군이다. 부여군은 거주민의 평균 연령이 53.6세(2020. 12. 기준)로 고령화지수가 충남권 최상위 수준이다. 인구감소추세에 따르면 10년 이내 약 42%의 인구가 감소할 것으로 예상되는 충남 서천, 청양군과 함께 인구소멸위험지수 고 위험지역으로 분류되고 있다. 서울과의 이동 거리는 2시간 남짓하지만, 도심 내 문화자원인 전통문화대학교라는 물리적 자원이 있음에도 지역 내 자원으로 연결되기에는 유통망이 턱없이 부족하다. 부여군의 대중교통망은 시외버스터미널 한 곳과 KTX-공주역을 중심으로 형성되어 있다. 공주역은 공주시와 부여군과도 40~50분 정도 떨어진 거리에 있고 공주역에서 부여로 이동하려면 택시나 자동차로만 이동할 수 있다. 대중교통이 없는 것은 공주역에서 부여군으로 한 시간마다 갈 수 있었던 버스마저 코로나로 이용객이 줄어들어 없어졌기 때문이다. 2020년부터 서울과 부여를 오가며 지역 내 이슈를 발굴하고 문화인적자원을 조사하면서 공간은 있지만 사람이 없는, 공간은

없지만 사람이 넘쳐나는 서울과 부여의 격차를
느꼈다.

부여군의 역사를 살펴보자. 부여군은 백제의 수도가
있던 사비의 성곽과 역사를 품은 지역이다. 부여군
규암면에 위치한 규암 나루는 금강 하류 백마강을
통해 부여로 들어오는 중요한 교통로였다.
조선 시대 때는 오일장이 크게 번성했고 규암 나루를
통해 내륙으로 들어갈 수 있었는데, 이는 한양으로
통하는 지름길이기도 했다. 해방 후엔 백제 대교가
만들어지면서 규암마을을 거치지 않아도 내륙으로
드나들 수 있게 되었다. 규암나루를 오가는 뱃길이
줄어들게 되면서 한창 번화했던 규암면 오일장은
쇠퇴하게 된다. 번성했던 이곳에 사람들이 한둘씩
떠나면서 빈집이 늘어가기 시작했다. 사람이
떠난 자리는 무료하고 무효한 기능 잃은 공허로
채워지고 쓸모없는 쓰레기들이 옛터를 차지하고
있다. 길과 길을 연결하기 위한 아스팔트가 녹음의
여백을 지워가듯 이곳은 사방이 가로막힌 공기의
무게감보다 바람처럼 쉽고 가벼이 지나친 녹음의
소리로 우거졌다.

'무효'와 '공허', '쓸모없음'으로 채워지고 있는 폐허를 오늘날 우리는 어떻게 바라보아야 할 것인가.
숨을 쉬고 휴식을 생성하는 공간과 장소, 생산성
여부에 따라 개발되는 곳, 관리 또는 통제 너머
사람은 떠나고 빈터만 남은 곳을 '무엇'으로 연결할
수 있을까. 그 연결고리 가닥은 이름 없는 땅을
점유하는 방법에서 출발한다.

부여군 장암면에 터를 잡은 예술가
'노드 트리〔NODE TREE(이화영, 정강현)〕'는
서울과 수도권 일대에 거주하면서 신도시들이
복사하듯 만들어지는 현상에 관심을 두었다.
도시 리서치와 사운드 스케이프, 시각예술을
기반으로 주로 미디어 매체에 기반한 작업을 하며,
2020년에 부여로 이주했다. 필자는
노드 트리와 함께 부여군 내 이슈를 함께 조사하고
워크숍·전시·축제를 하면서 인연을 맺었다.
예정된 프로젝트가 끝난 후에도 관계를 지속했고
서울과 부여에 오가며 우정을 쌓았다.

부여에 거주하고 있는 60대 농부, 20대 대장장이
청년과 함께 부여군 규암면 규암리에 위치한
한 폐가를 5년 동안 무상 임대하게 된다. 이들은
꽤 오랫동안 방치되어 지붕조차 없는 폐가를 고쳐

'생산소'라 이름 짓고 대안예술 공간을 만들었다. 이 글에서 소개할 일화는 예술 공간을 만들어 가는 과정에 일어난 사건이자, 이것이 책이 확장할 수 있게 연결고리가 되어준 <호박 줄기 사건>이다. 폐가의 주변에는 쓰레기가 가득했다. 다른 집터보다 낮은 지대에 폐가가 있어서 규암면 일대를 자주 오갔음에도 눈에 띄지 않았다. 주변으로 큰 나무가 나뭇가지를 뻗고 있었고 잎사귀들이 무성하여 빈집이 있다는 사실조차 몰랐다. 그리고 그 터를 주변으로 호박 줄기가 뿌리 깊게 심겨 있었는데, 몇 개의 호박은 방치된 채 썩어 있었으며, 줄기는 골목과 골목 사이를 둘러싸여 있었다. 노드 트리는 방치된 호박의 모양새가 보기 좋지 않아 그 줄기를 다듬었는데, 그날 밤 호박 줄기를 키운 당사자라면서 전화가 걸려 왔다. 전화 건 이는 규암면 마을 이장이었다. 그는 호박 줄기를 다듬은 것에 대해 화를 냈다. 노드 트리는 소유권에 대한 훼손인 줄 알고 사과했다. 그런데 알고 보니 그 땅은 마을 이장이 소유한 땅이 아니었다고 한다. 화를 낸 이유는 호박이 자란 지대는 무상 임대한 터를 제외한 맹지였고, 그곳을 점유하기 위한 방안으로 호박을 키웠는데, 그것을 예쁘게 다듬은 것에 화근을 두고 있었다.

우리는 이 사건을 흥미롭게 지켜 보았다. 작물로 맹지 일대를 점유하고 사용권을 획득하고자 하는 시도에 대한 기사를 본 적은 있지만, 일부러 못생기고 추한 상태로 점유하고 있다는 사실이 놀라웠다. 아름다움이 추함이 될 때, 쓸모가 쓸모없을 때, 기능이 기능하지 않을 때, **쓸모가 기능을 잃을 때(odradek)** 공간을 점유한다는 것이 도시에서는 상상하기 어려운 사안이었기 때문이다. <호박 줄기 사건>에서 가장 크게 작동하고 있는 구조는 이름 없는 땅을 '호박'이 무단점거하고 있다는 사실이다. 호박을 둘러싼 이 땅에 개입함으로 취득한 정보는 마을 내 이 같은 건물과 건물 사이, 길과 길이 닿지 않고 이름도 없는, 3평도 안 되는 맹지를 누군가 식물과 작물, 방울토마토, 고추 등으로 경작함으로써 점유했다는 사실이다. 그 대부분을 한 씨가 점유했다. 이 사실을 근거로 고려 시대부터 진주 강 씨와 청주 한 씨가 오랫동안 이곳 규암면 규암리 마을에 거주하고 있음을 확인할 수 있었다.[38]

한국 사회 대부분 마을 단위는 씨족 공동체로 이뤄진다. 대대손손, 여러 대가 번영을 누려 오랫동안 터를 잡는 것은 존속을 위한 중요한 요소이기에, 터를 잡기 위한 땅의 소유는 중요한 문제이다. 조선

시대 토지제도에서는 조세를 부담하는 조건으로 누구나 공전(公田)에 농사를 지을 수 있었고 조세로 수확의 10분의 1을 국가에 납입하면 되었다. 조세를 받는 땅의 권리가 있는 자에게 땅을 빌려 농사를 지어 소작료를 치르는 농민이 부당하게 경작권을 빼앗기는 것을 막기 위해 자손 대대로 생계를 보장받도록 하는 조항도 있었다. 국가가 조세를 통한 수익권 일부를 취하는 방식으로 공유지가 제도화되는 과정도 있었지만, 이 제도화 또한 일부 왕과 권력 축적을 위한 토지사유화로 결국 와해되었다.[39] 자손 대대로 내려오는 땅은 생계권과 직결되는 문제이다. 조선 시대와 일제강점기 식민의 역사, 해방 후 폐허가 된 땅에 터를 잡고 사는 원주민, 토박이들이 자손에게 물려주어야 할 땅의 권리는 어떻게 그대로 존속될 수 있었을까.

'땅'의 소유의 문제를 짚기 위해서는 한국 현대사에서 시행된 부동산 등기법을 알아볼 필요가 있다. 등기법은 1960년대 「부동산등기법」 시행과 더불어 1960~70년대 아파트 단지 개발이 되면서 다수의 소유자가 공동으로 소유할 수 있는 의미인 '공유지' 개념으로 고착되는 기반이 되어주었다. 국가가 소유하고 있는 공유지를 개인에게 분할하면서

다수가 땅을 소유하게 되었고 이로써 개인의 사적 재산은 강화된다. 강화된 재산권은 최소한의 생계의 권리를 지키기보다, 더 많은 자본과 생산을 욕망의 수단으로 만들기 용이하게 하는데 사용되었다. 이는 다시 내 땅과 네 땅의 싸움으로 이어진다. 소유권을 둘러싼 싸움이 팽배해지자 어떤 이들은 일제강점기 때 '대대손손' 내려온 종손 소유의 땅을 빼앗아 군사시설로 만들어 토지를 점유한 국방부를 상대로 원통함을 호소하는 청원 글을 올리기도 했다.[40] 강남 신사동에 위치한 가로수길에는 상속 또는 증여로 인해 13세부터 건물주가 된 경우가 많다고 한다.[41] 지인이 근무하고 있는 강남의 사무실의 임대 월세는 천만 원이 넘는다. '대대손손' 남겨야 할 번영은 무엇일까. 땅을 둘러싼 이해관계와 땅을 소유한다는 것이 가진 의미는 꽤나 복잡한 이해관계로 얽혀있다.

사진제공: 솔방울커먼즈 (오세일)

부여 내 <호박줄기 사건>은 소유권에 대한 입장 차가 팽배했다. 소유권에 대한 분쟁으로 관련자들 사이에 언성 높은 목소리가 오갔지만, 노드 트리의 이화영이 며칠을 오가며 주변을 어지럽히던 쓰레기를 치웠고, 생산소를 운영하는 농부와 마을 이장이 부여군 내 같은 초등학교를 나왔다는 사실만으로 분위기가 느슨해졌다. 그 후, '호박'이 점유하고 있는 이름 없는 땅에 호박 '집'을 지었고 사건은 새로운 국면을 맞이하게 된다. 이름도 장소도 표기되지 않은 땅을 공동으로 사유하기 위해, 늙고 추한 호박을 탈취하여 규암리 주민들이 연루된 '사건'을 만들기로 했다.

2021년 10월 31일, 땅을 점유한 호박을 탈취하여
호박죽으로 만들고 연회를 열었다. 연회에 온 자들과
음식을 나눠 먹으며 모두 한(限)가족관계증명서를
작성한다. 한가족관계증명서로 인해 성별·연령·종의
여부와 관계없이 한씨 일가에 종속되는 것이다.[42]
이날 하루만큼은 우리 모두 한가족이 되어보는
관계도를 맺어 족보를 만들었다. 이 행위에서 설정한
전략은 '감수성'이다. 이 가치는 환대와 연대로서
발현되었고 기존의 소유권과 쓸모 여부 개념을 해체
또는 재편할 수 있는 저항 중 하나였다. 생산소는
내년에 호박이 점유한 땅에서 음악회를 열거나
공동의 행위를 도모할 이벤트를 준비 중이다.

대대손손-자손대대로 오랫동안 번영을 누릴 땅의
가치는 무엇일까. 약탈과 수탈로부터 생계터전을
지킬 수 있을까. 최소한의 생존을 위한 삶터를 갖기
위한 열망은 더 많은 땅을 소유하길 원하게 되었다.
소유하기 위한 자본 축적은 땅을 가질 수 있는
유일한 통로이다. 지역과 장소를 기반으로 치솟은
땅값은 빈부격차를 심화시키며, 땅을 소유하기 위해
자본·생산·화폐의 가치가 무엇보다 중시된다.
땅을 소유함으로 갖는 사적 재산권의 의미가 더욱
커져만 간다.

38 부여군지편찬위원 편, 『부여의 지리 1』, 부여군지편찬위원회, 2003, 388쪽.

39 정기황, 「공유지(共有地) 개념 변화로 본 토지제도」, 『문화과학』 제101호, 문화과학사, 2020, 105쪽.

40 「일제강점기 때, 대대손손 내려온 종손소유의 땅을 문중소유로 맘대로 도장을 찍어 빼앗아 갔다…. 100년이 넘도록 종손 소유 땅이 문중에 묶여 있다. 참으로 원통하다.」, 국민청원, 2019. 2. 10, 2022. 5. 5 접속, https://www1.president.go.kr/petitions/520818

41 「가로수길은 '대대손손 건물주' 세상… 13세에 월 임대료 500만 원」, 매일경제, 2017. 1. 13 수정, 2022. 5. 5 접속, https://www.mk.co.kr/news/society/view/2017/01/70802/

42 <대대손손>은 시각예술가 우희서가 2021년 10월 31일에 부여군 규암면 생산소 옆 맹지 땅에서 발표한 퍼포먼스이다. 길도 아니고 번지수도 없는 땅을 호박 덩굴로 점유해왔던 한씨 일가. 호박덩굴 입구에서 입장 순으로 족보에 이름을 기입하고 그 순간부터 모두가 이들의 조상이 된다. 이들의 성을 부여받음으로 모든 방문객이 호박 덩굴의 주인이 되고, 동시에 땅을 점유할 수 있는 정당성이 생긴다. 이후 이 사건에 개입한 사람들 모두가 가족임을 증명하는 가족관계증명서를 발급받음으로 우리만의 호박덩굴을 키워나갈 수 있는 가족을 맺은 것이다. (우희서, 「한가족관계증명서」, 『파인더 2호: 지정좌표 없음』, 히스테리안 출판사, 2022년, 110쪽)

박쩍꿀과 인왕산

민주

> 우리 시골 동산엔 소나무도 있었지만, 밤나무, 오리나무,
> 도토리나무, 상수리나무, 느티나무 등 갈잎나무가
> 우거져 있어서 가을이면 집집마다 겨울 땔감으로
> 마당에다 집채만한 갈잎 가리를 몇 동씩 만들어 놓을
> 수가 있었다. 그래도 그 많은 잎들을 박박 긁어내지는
> 못하는지 해마다 쌓여 썩은 흙은 부드럽고 습기 차 온갖
> 풀과 나물과 버섯과 들꽃을 키웠다.
> ─ 박완서의 『그 많던 싱아는 누가 다 먹었을까』 중에서

지난여름 발목을 다친 이후로 달리기를 그만두고
산책을 다니게 되었습니다. 요가 선생님 말씀으로는
원래도 달리기보다 걷기가 더 좋대요. 배에 힘을
주어 척추를 펴고 어깨를 연 채로 걷는 것이
생각보다 쉽지 않으니 운동이 될 거라고요. 뛰는
건 원래도 부상을 입을 건덕지가 많다고요. 과연
모든 사람이 한 번쯤 걷는 방법을 다시 배우는
것도 좋겠다는 생각이 들 만큼 걷기는 낯설고
어려웠습니다. 하지만 그럴만한 가치가 있는 게, 죽을
것 같은 운동 없이도 복근과 다리 근육이 생겼고
엉덩이가 작아지는 효과가 획기적이었어요. 길에선
오드라데크가 쏟아졌고요. 나무 냄새, 우둘투둘한
산세, 물 흐르는 소리, 청설모와 새와 고양이,
산책하는 노인과 동네 풍경이 매일 나타났습니다.
어떤 것도 예상할 필요가 없었고 모든 것이 틀림없이
나타났으니, 머리는 가볍고 일상은 풍요로웠습니다.

제가 주로 다니던 코스는 인왕산이었습니다. 마을 입구에서 버스를 타고 종점까지 가면 수성동 계곡에 이르는데 여기서부터가 인왕산입니다. 작은 폭포가 있는 물가에 앉으면 나무가 바람에 흔들리는 소리와 물 흐르는 소리와 새 소리가 들립니다. 계곡 위로는 산책로가 이어지는데, 바위 박힌 산을 마주 보며 가볍게 걸을 수도 있고 더 높은 곳을 목표로 등산에 돌입할 수도 있어요. 다른 동네에서 온 사람들은 주로 가방과 물통을 준비해 정상을 향하고, 근처에서 출발한 노인과 그 집에 사는 개와 젊은 산책자는 조직이 연한 옷과 챙이 있는 모자를 걸치고 완만한 코스를 돌지요. 때로는 숲으로 난 작은 흙길에 들어서기도 합니다. 지도에 그리기도 뭣한 이 작은 길들은 어디로 가는

↓

박적골을 그리워하던 어린 완서의 심정이 무엇이었는지를 알게 된 건 시간이 조금 흘러 제가 엄마네 집에 놀러 갔을 때였습니다. 어느 날 산책하러 나갔다가 새삼 놀라고 말았는데 도대체 계속계속 걸을 수가 없게 만들어 놓은 길 모양 때문이었어요. 엄마네 집은 어느 신도시에 있습니다. 여느 신도시가 그렇듯 이 마을도 아파트 브랜드를 중심으로 구획이 나뉘어 있습니다. 아파트 단지가 크게 하나 있으면 그걸 둘러싸고 보도가 있고 아파트 입구 쪽에는 상가가 기다랗게 이어져 있지요. 먹자골목으로 이루어진 상업 지구로 들어서면 네모난 땅 안에 가게들이 올망졸망 들어있고 그 사이로 길이 테니스 채 모양으로 나 있습니다.

↓

길이고 언제쯤 끝이 나는지 중간에 나갈 수는 있는지 하는 것을 몇 번 가보지 않는 한 알 수가 없어요. 그래서 이런 길은 산책이 길어져도 괜찮은 사람들만 가질 수 있지요. 그런 사람과 그를 사랑하는 개만이 나무뿌리를 계단 삼아 산을 오릅니다.

그 무렵 저는 박완서를 읽었습니다. 작가가 자기 어렸을 적 기억을 담은 이야기였는데 알고 보니 그도 인왕산 근처에 살았대요. 학교에 가려면 인왕산 자락을 넘어야 했다고 합니다. 어린 완서는 인왕산을 보면서 서울 산이 여간 삭막한 것이 아니라고 느꼈고, 그럴 때마다 이곳에 오기 전 유년에 뛰놀던 고향 박적골을 그리워했어요. 박적골은 지금은 북한에 속한 땅 어드메에 있는 마을입니다. 깎아지른

그날 저는 혼자 집을 보다가 밖으로 나와 발이 닿는 대로 걷기 시작했어요. 그런데 얼마 지나지 않아 멈추어 서야 했습니다. 한 블록을 금세 지나 건널목 앞에서 멈추어야 했기 때문이에요. 불이 바뀌고 다시 걷기 시작했지만 이번에도 길은 금방 끝나 횡단보도가 나왔습니다. 산책에 빠져들 만하면 멈추고, 다시 발에 날개가 달린다 싶으면 신호등에 턱 하고 걸리니 김이 빠지고 만 것이지요. 그제야 저는 산책이 무엇으로 이루어져 있는지 알게 되었습니다. 산책의 기쁨은 세상에 들어찬 온갖 것을 맞다가 그 공간에 녹아드는 데 있고요, 그렇게 공간에 녹으려면 멈추지 않고 걸어야 합니다. 다리가 어떻게 움직이고 있는지 잊어버릴 지경으로 집중을 지속하는 어느 때에 몸과

바위산을 두른 서울과는 달리 그곳 박적골은 바위라고는 하나도 없이 능선이 부드럽고 밋밋한 동산이 두 팔을 벌려 얼싸안은 듯한 모양이었다고 해요. 넓은 벌 한가운데를 개울이 흐르고, 정지용의 시 말마따나 '옛이야기 지줄대는 실개천'은 아무 데나 있었대요. 아이들은 무진장한 먹을 것을 생산하는 산과 들을 휘젓고 다니면서 군것질거리와 장난거리를 구했습니다. 그네들은 그냥 자연의 일부였어요. "자연이 한시도 정지해 있지 않고 살아 움직이고 변화하니까 우리도 심심할 겨를이 없었다"고요. 그에 반해 인왕산은 도대체 산이라고는 할 수 없는 꼴이었다는 거예요. 오래 가뭄이 든 것처럼 생기 없는 나무가 듬성듬성 있을 뿐 맨땅을 드러낸 것이 어린 완서의 눈에는 너무도

장소가 경계도 없이 섞여 들게 되거든요. 그러면 저 풍경이 나 같다가, 나는 없고 풍경으로 꽉 찬 듯하다가, 없는 줄 알았던 내 속에까지 첨벙 들어갔다 나오는 것입니다.

이걸 산책이라고 부르기로 하고 난 다음에야 저는 접촉이나 명상이 없는 걷기가 도시에 만연하다는 것을 알았습니다. 도시의 보도는 걸음에 집중하기 위한 것이 아니라 어딘가에 당도하기 위한 것입니다. 신도시에 난 길 중 가장은 차도인데, 자동차가 안전하고 빠르고 효율적으로 오갈 수 있도록 설계된 이 길은 도시의 중추를 이루며 뻗어 있지요. 한편 걸을 수 있는 보도는 차도와 상점 앞마당 사이에 딸린 부수적인 공간 같은 모양을 하고 있어요. 상점에 도달하기 위해 있어야 하는

↓   ↓

이상했답니다. 한번은 서울 아이들을 따라 아카시아꽃을 한 송이 먹었다가는 *비릿하고 들척지근한 맛에 헛구역질이 나 비위를 가라앉히기 위해 새콤달콤한 싱아 줄기를 찾았는데요, 그 많던 싱아가 한 포기도 보이지 않았대요.* 박적골 동산은 지천이 싱아였는데 말이에요. 어린 완서가 알던 산은 겨울 땔감용 갈잎을 집집마다 집채만큼 쌓아두고도 남을 만큼 초목이 우거진 곳이었습니다. 축축하게 썩은 흙에서는 풀과 나무와 버섯과 들꽃이 자랐지요. 식물이 계절을 따라 생사를 거듭하고 죽음 뒤에도 풍요를 남기는 것을 보아온 어린 완서에게 죽음도 삶도 없이 마른 산은 적잖이 이상스러웠을 것입니다. *바위가 부스러진 것처럼 메마른 흙에서 쑥 하나 돋아나지 않는 산이 얼마나 서운했을까요.*[43]

최소한의 길, 차와 상점 입구 사이를 잇는 최소한의 걸음을 위한 길이요. 목적이 이러하니 걷다가 자주 멈출 수밖에 없는 것은 대수가 아닙니다.

저는 멈추지 않고 계속해서 걸을 수 있는 길이 얼마나 흔하지 않은가를 깨달았어요. 도시에서 계속 걸으려면 한 장소의 둘레를 빙글빙글 돌아야 합니다. 공원의 둘레일 수도 있고, 뒷동산 둘레일 수도 있지만, 어느 상가나 상점 둘레일 수도 있지요. 저는 얼른 집으로 돌아가고 싶었습니다. 어린 완서가 인왕산에서 박적골을 떠올렸듯이 저도 신도시에서 인왕산을 떠올렸던 것입니다. 그는 도시에서 고향 산천을 그리워했던 것인 반면 저는 도시에서 더 심한 도시를 그리워한 것이지만 말이에요. 모든 공간이 자로 잰 듯

↓   ↓

그에게 서울 산은 살아있는 것이 으레 품는 정기가 깎여 나간 빈 땅이었던 것이에요. 그 산을 매일 가로지르며 어린 완서는 고독했습니다. 이런 사정을 이해하지 못한 완서네 어머니는 서울 문밖에 살면서도 문 안에 있는 학교에 딸을 보내 신여성으로 살게 하고 싶었고 그 고집에 어린 완서는 매일 홀로 산을 올랐습니다.

그렇게 팔십 년 전 인왕산을 머릿속으로 더듬으며 며칠을 보낸 후로 저는 산책길에서 종종 어린 완서를 보았습니다. 그 애는 길 바깥에서 풀잎과 바위를 밟으며 걸었습니다. 울타리를 넘어 노지로 들어갈 용기가 나지 않아 그 애와 나란히 걷지는 못했지만, 그 자취를 눈으로 따르면서 수십 개 다른 길이 생겨나는 것을 보는

정확히 나뉘고 채워져 있다는 사실이 어딘가 징그럽고 숨이 막혔습니다. 집으로 가면 적어도 수성동 계곡 입구쯤에서는 네모 모양을 벗고 자연스러움을 찾을 수 있겠지요.

산책을 좋아하는 이가 별 뜻 없이 굴러다니면서 쉬려면 도시가 심해지는 틈으로 빈 땅이 있어야 합니다. 사고팔기 위해 스마트하게 재단한 땅 말고요, 사고파는 것이랑은 상관이 없이 내버려 둔 땅 말입니다. 제 집이 있는 서울은 사실 인구 밀집도가 대단해서 건물과 차와 인간으로 빈틈이 없습니다. 우리 시대 인간은 땅을 야무지게 분할하고 고속도로를 놓고 건물을 올렸지만 거대한 산과 강은 따로 치울 수 없었으니 다행인 것이 서울은 북쪽으로 산이 두르고 있고 그 아래

↓   ↓

건 즐거운 일이었어요. 내가 오르는 산을 어린 완서도 매일 걸었다고 하니 좋았던 게 두 배로 좋아졌지요. 하지만 그가 인왕산을 줄기차게 박하게 평하는 것에는 조금 섭섭하였습니다. 내 동네가 다른 어디보다도 얼마나 멋진가 하는 근지를 내심에 키우고 있었고 그런 마음을 살찌우는 것 중 단연은 인왕산이었기 때문입니다. 매일 갈 수 있는 곳에 좋아하는 장소가 있는 건 건실한 댐을 지척에 둔 논밭이 그런 것처럼 여유롭고 든든한 일입니다. 어제가 고단했어도 내일 아침 초록 이파리 사이를 걷다 보면 틀림없이 웃음이 날 거란 걸 알기 때문이에요. 머릿속이 복잡할 때 동네를 한 바퀴 구경하다 보면 남을 것은 남고 날아갈 것은 자연으로 돌아갈 것을 알아요. 뜻밖에 마음에 드는 곳을 찾으면

왕들이 살던 집이 있고 그보다 더 아래를 커다란 강이 가로지르는데 이 지형이야말로 예전에 이곳에 살았던 사람들이 누렸던 경관과 지금 사람들이 보는 뷰를 유일하게 포개어주기 때문입니다. 절대적인 중심을 이루는 이 첨단 도시에 오히려 자연이라 부를 것이 더 잘 조성되어 있는 것은 어딘가 웃음이 나는 일입니다. 생각해볼 만한 역설이에요. 서울은 신도시만큼이나 신호등이 많고, 복잡하고, 상점으로 가득 채워져 있습니다. 그러면서도 서울이 공간과 역사를 누릴 수 있는 것은 오랫동안 권력이 고인 덕분이겠지요. 역시 서울은 서울이기 때문에 이런저런 동기로 공원이 만들어질 수 있었던 것이에요.[44] 그런 역사를 타고 자연으로 채워진 빈 공간들이 나름대로

여기에 누굴 데려오고 싶은지 헤아리다가 사랑을 다질 수도 있고요. 일상을 여럿으로 쪼개 언제든 두 번째 세상으로 걸어 들어갈 수 있으면 이렇게 좋은 점이 많습니다. 밀도가 높아져만 가는 도시를 살아내기 위한 방법으로는 하여간 그만인 것입니다.

공간을 차지할 수 있었고요. 그게 박적골과 인왕산이 저의 시대에 서로 자리를 바꾸게 된 사정일 것입니다. 박적골을 고향으로 두었던 인간에게 인왕산은 박적골의 비교 대상이었다가, 서울을 고향 삼은 인간에게 인왕산은 박적골 자체가 된 것입니다.

43 기울임체로 표기한 곳은 인용문이다. 출처는 본문에 서술된 순서에 따라 다음과 같다. 박완서, 『그 많던 싱아는 누가 다 먹었을까』, 웅진지식하우스, 2022, (서두에 인용한 문단에서부터) 86쪽, 15쪽, 같은 쪽, 86쪽, 30쪽, 같은 쪽, 86쪽, 같은 쪽, 89쪽, 85쪽, 같은 쪽.

44 이 책의 63-67쪽 참고.

은행나무

강병우

경주시 안강읍 행촌2길에 수백 년 동안 자리를
지킨 은행나무가 있다. 겨울이 오면 터가 좋은
나뭇가지로 까치가 날아와 높이 솟은 은행나무
가지 사이로 집을 지었다. 어렴풋한 기억 속에 까치
소리는 신년 겨울 귀에 유독 밝게 들렸다. 그때
어린 나와 까치는 한해를 함께 보내는 이웃이 된다.
금세 자란 키만큼이나 유년 시절의 계절은 빠르게
흘러, 은행나무와 이웃 까치는 긴 겨울과 짧은 여름
속에 기억된다. 까치가 입주한 그해가 지나 다시금
신년 겨울이 다가올 때면 어린 나는 이웃이 곧 떠날
것으로 생각했다. 굳이 떠나지 않고 다음 해에도,
어쩌면 오랫동안 은행나무에 터 잡아 살았다고
생각할 수 있었을 텐데, 어린 마음에 무엇이
일렁였는지 떠날 것으로 확신했다.

마당 한쪽에 부모님의 처소가 있었고 그곳의 바닥은
복숭아뼈 높이의 시멘트로 다져져 있었다. 어린 나와
할머니는 발목만치 올라선 시멘트에 쪼그려 앉아
은행나무를 자주 올려다보곤 했다. 터미널에서 작은
매점을 운영하던 부모님은 저녁에나 돌아오셨고,
두 분의 방은 한여름 오후에도 서늘하게 식어
있었다. 편안함과 거리가 멀었던 그 처소는 내겐
놀이의 장소였다.

상상 속 영웅놀이에서 역할을 맡아 그에 따른 임무를
수행했다. 그곳엔 아주 큰 시베리안허스키 인형이
놓여 있었고, 부모님은 털이 많이 따진다며 늘
인형을 비닐로 싸놓으셨다. 나는 부모님이 안 계신
오후 어떤 날에 미닫이문을 열어 들락이며 몰래
비닐을 벗겼다. 그에게 나는 이름을 지어주었을까?
기억나지 않는다.

키가 겨우 일 미터에 다다랐을 내게 은행나무는
너무 거대한 존재였다. 어린 나보다 수십 배나 커
그 위용이 말로 다할 수 없었지만, 무엇 때문인지
은행나무에서 생기를 느껴본 적이 없다. 눈에 띄게
길게 늘어진 가지가 생명을 다한 유기체의 사체처럼
보였다. 을씨년스러운 은행나무가 무서웠다.
할머니는 마치 귀신 이야기를 하듯이 은행나무에
얽힌 전설을 얘기해주셨다. 전설은 계절을
거듭할수록 조금씩 달랐던 것으로 기억한다. 하지만
할머니와 주고받았던 오랜 대화는 기억에서 사라진
지 오래고, 귀 닳게 들었던 전설 역시 어디론가
유실됐다.

노인은 마을에서 유명했다. 오른뺨과 목울대의
늘어진 피부에 큰 혹이 흉측하게 붙어 있었다.

혹부리 노인은 공공연한 따돌림을 받았고 아이들의 놀림거리였다. 시간이 지날수록 혹은 더욱 커졌다. 동네 사람들은 노인의 욕심과 죄가 혹을 더욱 흉측하게 키운다고 말했다. 거대하게 부푼 혹이 노인의 허리를 휘게 했고, 그는 지팡이를 짚으며 동네를 서성였다. 어느 날 자리에서 한 발짝도 움직일 수 없었던 혹부리영감은 지팡이에 기댄 채 그 자리에서 쓰러졌는데, 지팡이만 올곧이 서 그대로 은행나무가 되었다.

***

행촌2길 7-20번지 집은 죽었다. 녹이 슨 자물쇠가 입을 굳게 다물고, 거미가 집을 지어 부둥켜안고 있다. 서울에서 인사차 내려온 나는 까치발 들며 대문 너머를 보았다.

"할아버지."

노인을 부르는 소리가 뒷간으로 빨려 들어갔다. 고래 입속은 모든 것을 삼킬 듯이 어두울까? 인기척이 느껴지지 않는 노인의 집을 보며 생각했다. 정적은

소스라칠 만큼 낯선 감각이었고 은행 나뭇잎
비벼지는 소리가 고요를 흔든다. 바람에 부서지는
나뭇잎 소리가 그곳을 흔들기에 그들은 적막 속에서
노인이 나타나길 기다릴 수 있었다. 전화기를 들어
할아버지 연락처를 찾아본다.

우편함에 시멘트 돌이 눌려 있다. 오랫동안
사용하지 않았기에 남은 흔적이다. 노인의 자취가
흔적을 남기지 않고, 오히려 방치된 집이 흔적을
남긴다. 노인에겐 기다릴 편지 따윈 없었다. 처마가
내려앉은 이 집처럼 모든 것은 노인의 손에 의해
황폐해졌다. 무너진 지붕과 시든 나무는 죽었는지
숨 고르는 중인지 모르겠다. 두말할 나위 없이 맑은
하늘 아래 죽음의 그림자가 서려 있지만 인간보다
오래 살 것들이 그곳에 남았다. 길어지는 통화
대기음이 또렷하게 귀에 박혀 나는 숨죽인다.

대대손손 내려온 은행나무 전설과
끝내 닿지 않는 전화 사이에 노인의 이야기가 있다.
어쩌면 혹부리영감과 지팡이 전설은 비교적 최근에
내려온 이야기일지도 모른다. 어떤 전설이건 구술로
전해질 적 사람들의 목소리가 닿지 않을 순 없다.
기억을 더듬어보면 할아버지도 혹부리영감처럼

혹을 지니고 있었다. 그런데 그게 오른뺨이었던가?
정수리에 혹이 달렸을 것으로 생각한다.

* 호박의 심산

그 인간은 몰랐겠지만 호박에게는 나름의 심산이 있었다. 자기가 못생겨진 건 인간이 세운 기준 탓이므로 개의치 않았지만, 못생긴 것이 없는 듯 취급된다는 사실은 호박의 생사에 중요한 정보였다. 호박은 여태껏 저대로 무리 없이 살고 있었기 때문에 자기가 머무르던 땅이 제 것이 아닌 줄은 꿈에도 몰랐다. 어쨌든 인간들이 몰려와 푸닥거리하기 전까지는 그랬다. 그들은 여기가 어느 인간의 땅도 아니라고 결론짓기 위해 관아에서 받아온 종이를 오랜 세월 주고받았다. 그런 후에는 또 긴 세월 주인 자리를 놓고 씨름했다. 여기 계속 살던 호박이 이 땅 주인일 거라고는 상상도 못 하는 모양이 얼마나 인간적인가를 생각하다가 호박은 웃는 법을 알게 되었다. 물론 호박에게는 허파가 없으니 인간에게는 웃는 소리로 들리지 않았다. 그리하여 저를 보고 웃는 줄을 그들은 영원히 알지 못했다.

호박은 꾀를 내었다. 인간이 자기네 지도에 인간 것이 아닌 땅을 새길 수 있는지 궁금했다. 먼저 호박은 제 땅을 야생으로 돌보았다. 야생이 추한 줄로 아는 어떤 인간을 따라 자연 흉내를 내니 다들 이 땅을 '맹지'라 불렀다. 인간들 심미안이 어떻게 돌아가는지를 완전히 파악한 다음으로 호박이 한 일은 새로운 인간을 찾는 일이었다. 호박이 원한 건 눈도 땅도 없는 인간이었다. 누구 땅도 아닌 건 누구나의 땅인 것을 깨친 사람이 필요했는데 그러려면 아무래도 인간 눈이 아닌 것을 달고 있어야 했다. 또, 제 땅을 가진 인간 대부분이 소유 말고는 땅을 생각할 방법을 아예 모르는 것 같았으므로 땅 가진 인간도 뺐다. 호박은 그런 인간이 나타나길 기다렸다. 그리고 마침내 그럴듯한 애가 나타나자 그 애를 불러와 입양했다. 호박은 그 애 이름에 섞여 인간들 가족관계증명서에 올랐다.[44] 일족의 성으로는 맨 처음 호박을 심었던 인간 것을 갖다 썼지만, 모두가 이 새 가문의 가장은 호박이라는 사실을 잘 알고 있었다. 여기 그 애가 그해 호박 뿌리께 묻어놓고 간 일기가 있다.

1. 올해 가을, 긴 초대장을 받았다. 살면서 처음 보는 주소였다. 들판은 어디론가 떠나서 정착할 때 가족이 필요하다고 했다. 내 편이 있다는 것이 얼마나 큰 안정감을 주는 것일까. 들판의 조언에 따라 내 편을 만들어야겠다고 생각했다. 주위를 살폈다. 옆에 빈 땅에서 호박이 그렇게 잘 자라고 있었다. 인간의 애정과 욕망 그리고 희망을 거름 삼아.

2. 부여 두 번째 방문 중 삼 일째 되던 날, 무언가를 찾아야겠다는 이상한 책임감을 느끼고 이질적인 것을 찾아 돌아다니다 보니 어느새 해가 떨어졌다. 깜깜한 밤에 택시를 타고 숙소로 돌아가는 길에 본 부여의 강은 찰랑거리는 강물과 작게 보이는 야경이 꼭 인적이 드문 한강 같았다. 조금은 집 같았다.

3. 2021년 10월 31일. 나는 한 씨가 되었다. 참 이상한 일이다. 이름 바꾸는 상상은 해봤어도 성이 바뀌는 상상은 안 해봤는데, 한희서라니. 나쁘지 않다. 내 이름에는 받침이 없어서 알아듣기 쉽지 않다. 이름을 소개할 때마다 세 번씩 말하고, 그중 한번은 우(쉬고) 희(쉬고) 서(쉬고) 이렇게 말했어야 했는데, 한희서라면 한 번에 알아들을 것 같았다. 받침 있는 이름이라. 나에 대해 설명하기 한결 쉬워진 느낌이다. 땅에 박힐 안정감(이제 가족에 대한 느낌). 호박 덩쿨로 이어진 가족의 무게와 땅의 기운이 퍼진다. 강력한 땅에 묶여있는 기분이다.[45]

한희서는 호박을 볼 줄 아는 눈을 가진 자를 방방곡곡에서 찾아와 가족으로 들였다. 인간 식구와 인간을 닮지 않은 식구가 불어나면서 한씨 일가는 긴 세월 번영했다. 호박이 제 줄기로 감아놓았던 문제의 땅은 한씨 일가 모두의 땅이 되었다. 그렇게 호박은 제 땅을 빈 땅으로 남기는 데 성공했다. 죽어서도 못 버린다는 인간들 탐욕 사이로 주인 없는 땅을 만든 것만으로 선방이었다. 물론 주인이 없다는 게 호박이 주인이라는 뜻인 것을 인간들은 여전히 모른다. 이 모든 게 호박이 벌인 일인 줄도 꿈에도 모르고 있다. 호박은 한희서가 마침내 부여에 집을 지은 이듬해 어디론가 굴러가 사라졌다. 이것이 '호박 줄기 사건'의 진짜 전말이다.

44 작가 우희서는 2021년 10월 31일 충청남도 부여군 규암면에서 호박 덩굴을 함께 키울 가족을 모집하여 족보를 만들고 가족관계증명서를 발급했다. 그는 땅의 소유권이 일반적으로 상속을 통해 계승됨에 착안하여, 향후 한 아무개 개인에게 귀속될 예정이었던 땅의 주인을 이 사건에 개입한 모든 이로 만들고자 새로운 가족을 만들었다.

45 우희서, 「한가족관계증명서」, 『파인더 2호: 지정좌표 없음』, 히스테리안출판사, 2022년, 111-116쪽, 일부 수정.

녹색을 사용하는 방법

서울이 아닌 지역을 모두 '지방'이라 부른다.
깨끗하게 관리된 것은 서울로, 추하고 관리되지
않은 것은 '지방'으로 옮겨 보이지 않게 만든다.
그러나 깨끗한 것들은 도시 안에 남기고 추한
것은 도시 바깥으로 내몬다고 이 존재들이
사라지는 것이 아니다. 상권이 확장되니
노점상이 바깥으로 밀리고, 도심이 확장하니
녹지가 해제되고, 녹지가 해제되니 개발이
되고, 개발이 되니 더러운 것은 다시 바깥으로
밀려난다.

기능적인 것은 안으로 쓸모없는 것은
바깥으로 추방된다. 도시는 녹지를
개발함으로써 도심 내의 사람이 순환되게
하는 구조를 지탱하는 역할을 갖는다.
그러나 도심 내 녹지의 '녹(祿)'은 나라의
벼슬아치가 받는 녹봉이 되어버린 듯
하다. 개발과 쓸모의 여부가 토지의
가격을 매기고 그렇지 않은 땅은 기능을
잃게 만든다. 토지를 점유하는 방식을
국가나 자본이 관리하고 통제하고 있다면
추하고 관리되지 않는 바깥에서 공공성을
탐구해야 하지 않을까.

보이드와 커먼즈

강정아

땅-따먹기 대한민국: 국가-공공의 바깥에서 공공성

"…… 멀리 떨어진 곳을 제외하면 장안에 공원이라고는 파고다공원밖에 없고 그 외의 녹지를 굳이 찾는대야 시청 앞 광장의 일부와 세종로 정도다. 그것도 시원한 그늘에 들어앉아서 쉴 곳은 못 된다. 창경원이나 덕수궁은 휴게장소라기보다 돈을 내고 구경을 가는 곳이다. 그러니 가로수 아래 요소요소에 의자가 있었으면 좋겠다는 것이다. 물론, 여름만을 위해서가 아니라 사철 그래두면 위로와 함께 자연 공중도덕도 훈련도 될 줄 안다. 그리고 부디 좀 공원을 만들어주었으면 좋겠다. 공장이 필요할 정도로 공원도 필요하다는 것을 당국에서 모를 리가 없다. 광장이나 빈터에 그냥 나무를 심고 분수를 나오게만 할 것이 아니라 낮이든지 저녁이든지 행인이 둘 앉아서 쉴 수 있도록 마련해야 할 것이다. 여유가 없는 땅이요 여유가 없는 살림일수록 많은 사람들이 공유지에서 휴게할 수 있는 장소가 제공되어야 한다. 가로수라도 있길래 이러한 푸념을 가로수 그늘에서 혼자 중얼거릴 수 있는가 보다 정녕 우리에게는 여유가 없을까?"
고원(高遠), 「녹음의 여백」, 《조선일보》, 1958. 7. 28. 기사에서 발췌.

가로수 나무 그늘에 앉아 혼자 중얼거릴 수 있는 낮이든 저녁이든 휴게할 수 있는 장소, 여유가 없는 땅과 여유가 없는 살림일수록 공유지는 휴게할 수 있는 장소로 제공되어야 한다. 1958년의 조선일보에

실린 시인의 덤덤한 독백이 오늘날에 절규로
들려온다. 시인이 녹음의 여백이라 주장한 '공원'의
기능은 공유지로서의 기능이지 않을까 생각하지만,
공원이 공유지의 역할을 다하고 있는 것이라면
여기서 뜻하는 공유지는 어떤 의미일까. **공유지는
공동으로 공평하게 함께 사용하는 공유지(公有地)와
두 사람 이상 공동으로 소유하는 공유지(共有地)**와
관계 맺고 있다. 이는 공동으로 '사용'하지만
공동으로 '소유'하는 문제와도 연결되어 있다.
국가는 공적 주체로 땅을 사용하고 소유하고
관리하는 권리를 가진다. 통상 공유지를 국·공유지라
표현하며, 국유지는 국유재산법에 의해서 공유지는
지방재정법에 의해 관리된다. 국·공유지의 소유권은
국가에 있지만, 국민의 공유 재산적 의미가 강하며
토지, 물, 환경, 공동 자원으로서 미래세대의
공유재산이라는 의미 또한 갖고 있다. 공유지의
가치가 현재 어떻게 사용되고 있는지 살펴보기
위해, 본 글은 공유지 점거 방법과 한국 사회 내
실천되었던 커먼즈 운동을 비교 분석하고자 한다.

공유지는 국·공유지의 공공성 때문에 관리의
어려움이 있으며, 공유로 인한 여러 문제점이
발생하고 있다. 도로의 무단점용, 하천부지의 쓰레기

불법매립, 무단점용과 빈번한 산불 발생이 그 예다.
특히 코로나19를 겪으면서 일회용품 사용량이
급증하자, 쓰레기 난은 심각한 수준을 넘어섰다.
무단점유의 사례를 확인하기 위해 항공사진 또는
거리뷰를 분석한 데이터를 확인해보니[46] 무단점유
의심 시설물 중 가장 많은 것은 일반 주택이었다.
가건물 및 컨테이너, 비닐하우스의 경우는 건물
레이어상 존재하지 않기 때문에 탐색되지 못한다고
한다. 무단점유의 여부를 항공사진으로만 확인하지
못하는 경우가 많기에 공유지 무단점유 사례는 더
많을 것이라 예상한다.

토지 소유와 점유를 둘러싼 첨예한 문제를 다루기
위해 한국 토지제도를 살펴볼 필요가 있다. 사단법인
문화도시연구소 소장 정기황은 「공유지(共有地)
개념 변화로 본 토지제도」(2020)에서 현재의
토지개념이 일제강점기 토지 소유권 개념에
근간하며 "일제강점기 토지조사사업[47]에 의해서
토지의 수탈과 반봉건적인 생산관계를 만들어
냈으며 근대적 토지 소유권이 확립되었다. 하지만,
신고제에 의하였기 때문에 많은 공유지와 영
세농민들의 땅이 일본 사람이나 또는 당시의
특권층에 점유되었다.[48] '토지조사사업'은 소유 주가 명확하지 않은 토지와 공유지를 국가가 몰수하는 등 토지 수탈을 위한 제도로 이용되었다."라고 밝혔다. "특히, 농경지 중심으로 토지제도가 운영되었던 조선시대와는 달리 '임야조사사업'으로 농경지 이외의 토지까지 사유화해 전 국토를 사유재산 개념으로 전환시켰다."라고 설명했다.[49] 이 글에서 일제강점기 토지조사 전까지는 소유개념이 명확하지 않았고 지역마다 토지 소유와 사용에 대한 인식의 차이가 편차가 있었음을 짐작할 수 있다.

토지의 소유 구조
공유지

"한국에서 '공유지'라는 용어가 사용되기 시작한 것은 1906년 일본이 통감부가 설치되 이후 토지조사사업에서 토지의 소유 구조 확인을 위해 사용되면서부터로 보인다.

토지의 소유 구조에서 공유지는 공유지(共有地)에서 공유지(公有地)로, 다시 사유지 개념으로 변화했으며 소유권의 권능으로 보자면 사용권에서 사용권·처분권으로, 다시 사용권·처분권·수익권을 부여하는 방식으로 개인의 소유권 강화를 위해 변화했다. 즉 공동체가 공동의 이익을 위한 생산 기반에서 개인의 사익을 위한 재산 기반으로 바뀌어 온 것이다. 따라서 공유지는 토지 소유 구조의 변화 과정을 이해하는데 매우 중요한 잣대라고 할 수 있다."

정기왕(2020), 『공유지(共有地) 개념 변화로 본 토지제도』, 『문학과학』101호, 102쪽

■ 고려와 조선시대에는 입안(立案)이라는 부동산거래증명제도가 있었으나 근대적 등기제도는 1906년에 공포, 시행된 「토지가옥증명규칙」에서 비롯된다. 그보다 앞서 1893년 고종(30년)부터 지계(地契)와 가계(家契)라는 제도가 있었으나 널리 시행되지 못하였다.

■ 1905 - 1906
일본은 강압적으로 을사조약을 체결한 이후 통감부를 설치하여 식민지정책을 전개하기 시작했다. 1906년 외국인의 토지소유 매매·교환·증여 등을 법적으로 확인하기 위한 「토지가옥증명규칙」과 「토지가옥전당규칙」을 반포 실시했다. 10월 「토지가옥증명규칙」을 같은 해 12월에 「토지가옥전당규칙」을, 그리고 1908년 7월에 「토지가옥소유권증명규칙」을 공포하였다.

■ 1908
1908년에는 「토지가옥소유권증명규칙」으로 바꾸기도 하였으나, 완벽한 제도로 발전되지 못한 채 국권을 상실하고 말았다.

■ 1912
1912년 8월 「토지조사령」을 발포하여 토지의 조사와 소유자의 사정 조사에 착수하였다. 사정된 토지소유자의 신고에 따른 토지조사를 바탕으로 하여 소유권을 결정한 것이었다.

■ 1918
조사를 바탕으로 하여 임야대장이 만들어졌는데, 임야조사사업이 완료된 것은 1935년이었다.

■ 1935
임야조사 완결

■ 1945
해방

■ 1960.01.01
일제 등기제도 잡음은 1945년 광복 후에도 약 15년 동안 계속되다가 1960년 1월 1일 「부동산등기법」이 공포, 시행되고 그 시행규칙도 마련되기에 이르렀다.

1906   1935   1960

한국민족문화대백과사전 · 토지개혁(土地改革), 등기(登記)를 기반으로 작성하였습니다.

무단점유 사례는 서울이 아닌 지역에서 많이 발생한다. 지역의 경우, 많은 인구가 소멸하고 있는 가운데 관리되지 않은 땅이 도처에 즐비하다. 특히 주목할만한 현상 중 하나는 맹지(盲地)라고 부르는 것인데, 주위가 모두 타인의 토지에 둘러싸여 도로와는 어떤 접속 면도 갖지 못하는 토지를 일컫는다. 맹지의 경우, 건축 허가의 대상이 되지 않는다. 건축허가가 나려면 건축물이 자동차 통행이 가능한 4m 이상 도로와 접해야 하는데, 맹지는 사방이 타인의 땅으로 둘러싸여 통행이 불가능하기 때문이다. 하지만 맹지가 일종의 투기로 이용되는 사안이 극명하게 드러나면서 "이 땅은 대대로 내가 경작해온 땅"[50]이라는 주장과 함께 현지 주민을 대리로 내세워 경작하는 방법으로 각종 규제를 피하는 사례도 있다. 제주도의 경우, 맹지 진입로 공유지 매각 허용 조례안이 발의되면서 특정 지주에게만 특혜가 있는 게 아닌지 우려의 목소리가 나타나기도 했다. 맹지처럼 관리되지 못한 토지는 불법 무단점거에 유리하거나 투기를 위한 목적으로 사용된다. 농작용 땅이 필요한 사람은 사지도 못하고, 높은 땅값이 방치되어 결국 사용하지 못하는 공터로 작동한다.

앞서 서울 '공원'의 유래와 '공유지' 점거 방식을 살펴보았다. 이를 바탕으로 '공공성'을 우리는 어떻게 사유하는가에 대한 질문을 던져보고자 한다. '공적인 것'과 '공공성'은 누가 어떻게 합의를 이루고 결정짓는가? 공공을 위한 공공성의 목소리를 나누고 공공의 담론을 논의할 테이블은 어떤 식으로 존재하고 있는가? 질문을 구체화하기 위해 국가와 시민 간의 공공성 담론을 두고 일어난 '경의선 공유지' 커먼즈 운동을 살펴보려고 한다.

'경의선 공유지'는 철도시설공단이 소유권을 가진 토지이다. 1906년 경의선 열차가 지나는 철길이었고 용산에서 가좌에 이르는 구간이 지하로 개발되고 공터로 남게 됐다. 철도시설공단과 서울시는 양해각서[51]를 통해 지역 역세권을 개발하고 나머지 공간을 숲길로 조성하기로 했다. 경의선 공유지는 개발구역으로 지정되었고 2012년 기업 이랜드에서 사업추진 협약을 체결했다. 그러나 1년간 진척 없이 공터로 남아있자 시민단체들이 모여 시민 장터인 '늘장'을 운영하기 시작했다. 늘장이 운영 3년 차를 맞을 때쯤 이랜드 공덕 측으로부터 개발을 시작해야 하니 나가라는 통보가 날아왔다. 경의선 공유지는 공공성에 대한 문제의식을 가시적으로 보이게 된 사건이다. 공유지를 둘러싼 주거권, 소유권, 개발권의 문제는 막대한 비용의 소송으로까지 이어졌다. 인근에 아파트가 들어서면서 노점상과 포장마차 또한 철거되었다. 포장마차는 유해업종이며 주변 교통을 불편하게 만든다는 이유로 마포구 아현동에 위치한 아현초등학교 옆 노점상 골목에서 운영되던 아현 포차의 철거가 요구되었다. 25년간 가게를 운영한 이들의 생계 터전은 2016년과 1월과 6월 두 차례 철거 명령이 이어진 후 8월 어느 새벽에 강제철거됐다.[52]

유해함과 불편함, 비생산, 쓸모없음, 무기능의 상태일 때 도시의 공간은 국가의 관리와 통제 속에 주변부로 밀려나고 타자로 전이된다. 필자가 경의선 공유지 사례에서 바라보고자 한 부분은 '공유지는 어떤 정당성으로 점거되는가'였다. 공유지를 '공동의 것'으로 사유하기 위한 자리를 논하기 전, 국가는 공유지의 사용권을 이랜드 측에 소유권으로 팔았다.

경의선 공유지 점거 행위에서는 활동가들과 입주 주민 간의 마찰이 있었다. 서울신문에 실린 기사 「국유지에 모인 '도시 난민' 개발 걸림돌인가, 공유 주춧돌인가」(2019. 6. 3.)[53]는 공유지의 공동성을 말하는 '시민'이 누구인지를 묻고

있는 듯 했다. 공유지 점거를 둘러싼 문제에서
'시민'은 사적 재산권 보호와도 연결되는 지점이
있다. '공유지를 시민에게 돌려줘야 한다'와
'시민단체가 불법 점거하고 있다' 논의는 서로
팽팽하게 맞섰다. 하지만 경의선 공유지의 소유권은
철도시설공단에게 있다. 자본주의 논리 내에서는
이들의 주장을 벗어날 수 없다. 철도시설공단은
경의선 공유지 활동가와 쫓겨난 자들에게
무단점거를 강행했다는 이유로 36억 원 손해배상을
청구했다.

또 하나의 사례는 서울시 종로구 송현동 49-1번지
부지를 둘러싼 커먼즈 운동을 하는 **'솔방울커먼즈'**
활동이다. 솔방울커먼즈는 송현동을 공동의
것(Commons)으로 상상하고 연구하는 모임이다.[54]
송현동 부지는 조선 시대 왕족과 친일파의 집터
등으로 쓰였다. 해방 뒤 대사관 직원 숙소가
들어섰다가 1997년 삼성생명이 국방부로부터
매입했다. 삼성생명은 관광사업 개발을 추진하려고
했지만 '학교 환경위생정화' 규제로 가로막혔고
이후 2008년 대한항공에 매각했다. 대한항공
역시 이 땅에 7성급 한옥 호텔을 포함한 복합문화
단지를 조성하려 했지만, '관광 숙박시설을 지을

수 없다'는 학교보건법 조항에 가로막혀 불발됐다.
대한항공은 개발 불허 방침에 행정소송까지 냈으나
2012년 대법원에 패소했다. 대한항공은 자금난에
직면하면서 이 땅을 매각하겠다고 발표했고
서울시는 공원화하겠다고 했지만, 매각은 또다시
무산됐다. 우여곡절 끝에 현재 송현동 부지는
한국토지주택공사(LH)가 처분하기로 했다. 이
과정에서 강남구 삼성동의 옛 서울의료원 부지
남측을 공동주택을 짓는 것으로 땅을 맞교환하는
서울시와의 협약이 있었다. 부지를 둘러싼 첨예한
문제를 마주한 송현동은 펜스로 둘러싸여 있었고
종로구 경복궁 일대는 담장 높은 펜스로 인해 그동안
아무도 진입하지 못한 곳이었다. 현재 논란의 송현동
부지에 이건희 기념관 설립이 확정됐다.[55]

솔방울커먼즈는 땅을 둘러싸고 있는 문제가
특정 자본과 국가에 의해서만 결정될 수 없다는
문제의식에서, 전 지구적인 생태계에서 살아가는
존재와 관계 맺는 방식에 관한 고민을 다룬다.
솔방울커먼즈가 활동을 시도한 계기는 경의선
공유지 연대 활동이었고, 이때의 활동에서 커머닝의
효과와 가능성을 엿보았다고 한다. 어느 날
솔방울커먼즈는 '생물과 문화'를 운영하는 이소요

사진제공: 솔방울커먼즈

미술 작가와 송현동 돌담을 거닐면서 돌담 안에 솟아있던 오동나무 이파리를 발견한다. 오동나무는 목재와 약재로 쓰여 예로부터 씨앗을 심어 길렀는데 이젠 그 쓰임이 많지 않아 나름의 방식으로 생존하고 있다고 한다. 펜스로 가로막혀진 땅을 오동나무 외 우리가 알 수 없는, 이름 모를 식물이 '나름의 방식'으로 점유하고 있었다. 펜스로 가려져 인간의 발걸음이 닿지 않았지만, 그 땅은 방치된 땅이 아니었다. 오동나무 이파리의 발견은 개발의 이해관계로 의도치 않게 방치된 땅이 인간이 아닌 자연자원에 의해 점유되고 있다는 확신을 갖기엔

충분한 존재였다. 솔방울커먼즈는 오동나무 발견을
계기로 '솔방울-하다'라는 동사를 만들었고, 이는
솔방울커먼즈의 커먼즈 활동의 지침이 되었다.

펜스로 가려 막힌 땅에 자리 잡은 것은 오동나무와
이름 모를 식물들, 조선과 일제강점기에
송현동을 둘러싼 욕망과 분노가 덮인 열망일
것이며 50년 뒤 송현동을 산책할 주민일 것이다.
오동나무 이파리의 발견은 법적 주민은 없지만
역설적으로 우리 모두 주민이 될 수 있는 주민
센터를 만들어보자는 의미로 연결됐다. 전시
<송현동 주민센터>(2020)는 공동의 주민되기를
연결하는 시도였다. 솔방울커먼즈의 활동은 부여의
'호박줄기'와도 닮았다. 우린 이 문제를 깊이 다루고
싶어 부여의 생산소 멤버에게 이들의 활동이 가진
의미를 전달했고,《송현동주민센터》전시의 일부를
부여 '생산소'에 전시할 것을 제안했다. 법적 주민이
없는 주민을 위한 주민 센터, 송현동의 이야기를
송현동이 아닌 곳에서 이야기하는 것으로부터
출발하자는 이야기에 생산소 멤버들은 공감했고
솔방울커먼즈의 이야기를 부여군 규암면에 위치한
생산소에서 나누었다. 솔방울 커먼즈(최희진
연구자와 헤즈 활동가, 오세일 작가)를

부여시외버스터미널에서 만나 백마대교를 건넜다. 생산소로 이동하는 길에 우린 '백마강 생태정원 조성사업 350억 확보' 현수막을 보았다. 기사를 찾아보니 부여군은 백마강 생태 정원을 시작으로 도시 전체를 정원화하려는 계획을 추진하고 있다고 한다.

가을이 되면 백마강 주변에 억새와 코스모스를 보기 위해 사람들의 발길이 모여든다. 해마다 코스모스를 심기 위해 땅을 파헤치고 가을을 맞이해 코스모스 씨를 뿌린다. 기후가 좋으면 코스모스는 만개하지만, 기후 또한 예년같이 않아 피지 못해 듬성듬성 나 있는 코스모스 빈자리를 채우기 위해 어르신들은 파종한다. 그러다 가을이 지나면 코스모스가 심겨진 자리를 다시 흙으로 덮어 버린다. 땅을 그대로 두면 잡초가 자라고 잡초와 함께 자라면 무성한 잡초더미에 코스모스의 모습이 가려지기에, 온전하게 피어나야 할 코스모스에게는 안 될 일이다. 꽃은 아름다워야 하고 가을에만 만개한 꽃의 흔적을 보아야 하기에 잡초와 함께한 코스모스의 흔적은 찾아볼 수 없게 흙더미로 덮는다.

부여에 몇 번을 오갔다고 이젠 관광코스로 등록된

코스모스의 산책길보다 이름 모를 공터에 숨겨진
우거진 억새밭을 산책한다. 발걸음이 잠잠한 이곳의
억새밭은 내 키만큼이나 솟아있다.

앞서 상술한 서울 '공원'의 사례와 근대화를 위한
산업의 도구로 녹지의 관계를 상기하며 <호박 줄기
사건>을 되짚어본다. 이 사건을 통해 우리가 주목한
것은 호박이 공유지를 '추'의 기능으로 점유한다는
점과, 기능 잃은 '추'가 다시 '미'적 기능을 하려
했을 때 나타난 자리에 공백-보이드가 생기고 이때
오드라데크가 등장한다는 점이다. 오드라데크는
앞서 도심 내 공원을 만들 때 그곳을 점유한 피난민
또는 철거민이거나 쓰레기를 매립함으로 생계를
줍는 넝마주이에게서 나타나며, 재개발지역에서
유해하다는 이유로 노점상과 포장마차들이
사라졌을 때 모습을 드러낸다. 오염된 것을
추방하여 깨끗함이 점유할 때 말이다. 개발과 쓸모,
생산과 소유로 인해 추방된 것을 위한 쉼을 취할
공간을 바라본다. 하지만 그 공간은 어느 곳으로도
식별되지 않는다. 쓸모의 여부로 등록되는 목록화에
오드라데크는 기재되지 않기에 눈에 보이지 않은
것으로, 존재하지 않게 되는 현상으로 연결된다.
보이지 않는다고 여겨지는 비워진 그 자리는 언제나

공백으로 머무르지만, 존재하지 않는 게 아니다.

'이름 없는 공동성', 제3의 공간, 공유지는 소유자가 없는 땅이 아닌 '모두'가 소유할 수 있는 땅이 될 수 있을까. 질문을 하면서도 우린 이미 답을 알고 있을지도 모르겠다. '모두'에 포함되기 위해서 포함되지 못해 떨어져 나간 것들이 존재한다는 사실을. '모두'라는 울타리에 진입하기 위해선 우선순위에 따라 입장권을 부여받아야 하고 이것은 위계구조로 작동된다는 사실을 말이다. 그러므로 그것은 여전히 쓸모를 증명하는 방식으로만 입증된다. 모두에 소속되기 위한 '자리'는 구성원으로 제 역할을 수행할 때만 권리가 생긴다. 하지만 오동나무 이파리와 흘러가 버린 지난 역사, 50년 뒤의 거리를 거닐 누군가의 목소리는 어떻게 대변될 수 있을까. 들리지도 말할 수도 없는 목소리, 이들의 권리를 요청하는 방식을 우린 언제나 새롭게 탐구해야 할 것이다.

46 이재반 외, 『공간정보 자료를 이용한 국 공유지 무단점유 시설물 탐색』, 국토교통과학기술진흥원공간정보 인프라 고도화 기술 개발 연구집, 2018, 73쪽.

47 "1910년부터 1918년까지 일제가 우리 나라에서 식민지적 토지제도를 확립할 목적으로 실시한 대규모의 조사사업." (한국민족문화대백과사전 '토지조사서업土地調査事業')

48 "일제의 토지조사사업은 국유지 점유부터 시작되었고, 일제의 식민지 정책의 본질은 바로 이 국유지 점유정책에서 더욱 적나라하게 드러났다. 일제의 국유지 점유정책은 ① 농경지 점유정책, ② 미간지 점유정책, ③ 산림·임야 점유정책 등 세 부문으로 나누어 볼 수 있다. 여기서는 산림·임야 점유정책은 임야조사사업으로 돌리고 농경지 점유정책과 미간지 점유정책만을 살펴보기로 한다. 일제의 농경지에 대한 이른바 국유지 조사는 기본적으로 4단계를 거쳐 완결되었다." ('토지조사서업(土地調査事業)', 한국민족문화대백과사전)

49 정기황, 「공유지 개념 변화로 본 토지 제도」, 2020, 106쪽.

50 「묘목 심고, 지분 쪼개고, 맹지 사들여… LH 직원들, "전형적인 투기꾼 솜씨"」, 경향신문, 2021. 3. 4, 2022. 5. 5 접속, https://m.khan.co.kr/economy/real_estate/article/202103041731011

51 양해각서(Memorandum of Understanding, MOU)는 정식계약 체결에 앞서 행정기관 또는 조직간 양해사항을 확인하기 위해 작성하는 문서로, 보통 법적 구속력은 갖지 않는다.

52 「경의선 공유지가 꿈꾸는 제3의 공간」, 서울대저널, 2019. 3. 2 수정, 2022. 5. 5 접속, http://www.snujn.com/index.php?mid=news&search_target=title_content&search_keyword=%EA%B2%BD%EC%9D%98%EC%84%A0+%EA%B3%B5%EC%9C%A0%EC%A7%80%EA%B0%80&document_srl=41858

53 「국유지에 모인 '도시 난민' 개발 걸림돌인가, 공유 주춧돌인가」, 서울신문, 2019.6.3 수정, 2022. 5. 5 접속, https://www.seoul.co.kr/news/newsView.php?id=20190603015006

54 이 책의 146쪽 참고.

55 "이건희 기증관 설립이 확정되었고 2024년 말까지 2년간 시민들이 이용할 수 있다. 2025년부터 '이건희 기증관'을 포함한 '송현동문화공원'으로 2027년 다시 열 예정이라 밝혔다." 「'이건희 기증관' 서는 송현동 부지, 100년만에 '녹지공간' 개방」, 중앙일보, 2022.10.06, 2023.10.28 접속, https://www.joongang.co.kr/article/25107320#home

일상에서 아집에 따른 행위와 정치적인 것

최희진

송현동은 어떤 곳인가?
서울 종로구 송현동 49-1번지에 위치한 11,084평 규모(36,642㎡)의 나대지다. 경복궁, 청와대 등과 인접해 있다. 순종의 장인 윤덕영의 사저로 기록되는 등 조선 말까지 왕족이나 고관대작의 집터로 위세를 떨쳤고, 일제강점기 때는 식산은행에 팔려 일본인을 위한 사택 부지로, 독립 이후에는 미군 장교와 미 대사관 직원 숙소로 이용됐다. 국방부는 이 부지를 반환받아 2002년 삼성생명에 1,400억 원으로 매각했고, 2008년 한진그룹이 2,900억 원에 매입했다. 한진그룹은 이곳에 7성급 한옥 호텔 혹은 복합문화공간을 개발할 계획이었지만 교육 당국과 반대 여론으로 무산되었다. 현재 이 땅은 한진그룹에서 매각하려 하며, 서울시, 종로구청, 관련 단체들이 숲 공원화 논의를 진행하고 있다.

송현동 주민은 누구일까?

"송현동 담장 안에는 오동나무로 추정되는 나무가 있다. 나무는 십여 년 전 한진그룹이 호텔을 만들기 위해 나무는커녕 풀도 모두 베어간 곳에서 자라났다. 아마도 바람 타고 왔거나 동물의 배설물을 통해서 왔을 씨앗이 자라난 것이리라. 어린나무는 그새 담장을 훌쩍 넘는 크기가 되었다. 그동안 그는 빗물과 벌레와 새와 고양이, 그리고 그보다 작은 덤불들과 함께 살아왔다. 대단한 것은 아닐지 모른다.

소나무처럼 역사가 기억해주는 나무도 아니다. 그저
우연한 계기로 이 땅에서 뿌리를 내리고, 가지를
쳐냈다. 그렇지만 왜 이 나무는 여기의 주인이 될
수 없는 것일까? 새싹으로 자라난 뒤에 한순간도,
이곳을 벗어난 적이 없다. 오롯이 여기서, 그가 할
수 있는 방식으로 세상과 소통해왔다. 그는 물을
빨아들였고, 다른 식물들과 경쟁했으며, 때로는 작은
곤충들과 협업했었다. 모두 이 땅에서 이루어진
일이었다. 그는 이 땅을 살아내며, 이곳의 역사를
몸으로 증언한다."
— 「솔방울위크 다시보기」(전시 <송현동은
벌어진다>, 솔방울 커먼즈, 2020) 중에서

어느 하루를 살아내기 위해 기록한다. 낱말과
낱말로 이뤄진 문장, 누군가의 말, 대화로 이뤄진
지극히 개인적인 일을 글로, 이미지와 소리로
남긴다. 기록하는 행위는 거대한 내러티브의 체계를
구성하려는 의도보다 일상에서 개인적인 욕구에서
비롯된 사회적인 실천이다. 이 글은 어떤 지배와
권력에 동참하거나 저항하는 대신에 "아집에 따른
행위"[56]를 쓰는 시도이다. 최근 3년간 솔방울커먼즈[57]
관련 기록들을 선택적으로 끄집어내어 시간 순서와
관계없이 배치해 다음과 같이 재구성한다.

생태숲공원에 대해 질문하는 사람들

2020년 11월 14일 토요일 오후 낙엽이 짙게 깔린 가을날 문래동 공장/창고 형태의 작업실에서 '솔방울커먼즈' 새롬, 제제, 상덕과 필자는 '언메이크랩' 최빛나, 송수연, '생활과 문화' 이소요 작가와 만났다. 당시 솔방울위크 '송현동은 벌어진다' 전시를 마무리한 지 두 주일이 흐른 뒤였고, '생태예술교육'을 주제로 인터뷰 제의를 받은 터였다. 인터뷰를 진행한 작가들은 인간, 기술, 자연, 생물 간의 관계를 재탐색하는 작업을 하고 있었고, 인터뷰 대상자인 솔방울커먼즈는 송현동을 정치생태적 관점에서 다시 보기를 시도하고 있었다. 우리들은 도시공원과 녹지에 대한 비판적 성찰, 예술-연구-실천의 결합 등에 관해 이야기를 나눴다. 우리는 송현동 숲·문화공원화에 대해 질문했다. 송현동 숲·문화공원화란 종로구청과 여러 시민단체가 호텔 건립 등 민간개발로부터 그동안 지켜낸 송현동을 숲·문화공원으로 조성하고자 하는 과정을 의미한다. 이 과정에서 우리는 숲·문화공원이라는 녹지를 만들고자 하는 욕망이 무엇인지를 질문하는 것이었다. 송현동 숲·문화공원뿐만 아니라 경의선숲길, 서울숲,

4대강, 청계천 등에 이르기까지 형성 과정의 맥락은 다르더라도, 자연-인공물로 복제된 공원 공간들은 '일반 자연'의 형태가 되었다.[58] 이렇게 녹지로 점철된 공간은 도시의 위상을 드높여주는 공원이 되기도 하고, 기후변화에 대응하는 도심 속 숲이 되기도 하고, 어느 주거·상업 시설에 훌륭한 경관을 조성하는 것이기도 하였다. 그러나 이런 방식으로 만들어진 공원은 '녹지'를 매개체로 기존 도시 개발의 형태를 답습하는 것에 불과하다.

청계3가 관수교
(서울시 중구 입정동) 위에서 바라본 청계천 수변공간을
어느 봄날에 촬영하였다. (2021. 5. 18.)

청계3가 관수교 위에서 세운재정비촉진구역 힐스테이트세운센트럴
(지하 8층, 지상 27층, 2개 동으로 구성된 총 1022가구 규모의 주상복합단지)
개발 공사가 한창인 곳을 바라보았다. (2021. 5. 18. 필자 촬영)

청계천 고가도로 존치 교각
(서울시 동대문구 용두동 2019. 8. 3. 필자 촬영)

"공원은 (도시 개발에 대항하는) 최선의 방조제"라도 된 것일까? 어떤 질문도 없이 공원을 방조제로 삼고 도시 개발이 진행되기도 한다. 그런데 도시 공간을 개발할 때 시간을 들여 구상할 수 있는 과정이 필요하다. 그리고 우리는 이 과정을 요청할 수 있어야 한다. 특히 '참여계획'의 과정이라는 짜여진 판에 시민의 영역이 보장되는 듯 하나, 이 판을 새로이 짤 수 없는 그 자체는 모순적이다. "이미 개발이 벌어지면 손댈 수 있는 영역도 아닌데, 닫힌 상태에서 얘기해야 하는 거다. 어그러진 그림처럼." 우린 경의선 공유지 운동에 참여한 경험을 바탕에 두고 있기에, "경의선 숲길 공원도 시민들이 하는 일은 단속하는 일뿐, 공무원이 하는 일을 거의 그대로 하거나, 말단의 일을 하는 것으로 관리"하고 있다는 점을 꼬집었다. 그렇다면 도시에서 공동의 것을 회복하고 대안적 움직임과 그 형태를 만들어내기 위해서는 어떻게 해야 할까. **"실천하면서 스스로 생태를 만들어가는 것, 자발적으로 생태 관계를 만들어내고 생각할 수 있는 시민들이 많이 생기면 공권력과 싸울 수 있는데, 그런 사람들이 버섯처럼 많아지면 그게 어떻게 보면 커먼즈이지 않을까."** 우리가 종종 하는 말인데, "다른 모임이 생겨났으면 좋겠다, 제주 탠저린(Tangerine)

커먼즈 (웃음)" 그렇지만 "입장을 같이하는 사람들이 늘어나는 것보다 **더 많은 질문을 하는 사람들이 있었으면, 어디서나 질문을 더 많이 해볼 수 있었으면……."**

우리는 **경의선 공유지 26번째 자치구**와 **Gate 22**[59]를 떠올린다. Gate 22는 용산미군기지 반환에 관해 아카이빙하고 미래의 땅의 모습을 고민하는 연구모임이자 예술가 집단이다. Gate 22는 2013년부터 용산미군기지 주위를 걷고, 땅의 노래를 만들고, 땅의 역사와 미래를 이야기하는 공공플랫폼을 마련하여 2018년까지 활발히 활동하였다. 현재는 국토교통부(용산공원조성추진기획단)와 서울시(도시계획국) 등의 정부 주도로 용산공원화 논의[60]가 이어지고 있다. 한편, 2016년 11월 경의선 공유지 26번째 자치구를 선언한 "경의선 공유지시민행동은 2020년 4월 26일자로 공덕역 인근 철도유휴부지인 경의선 공유지에서의 점유를" 끝냈다.[61] 자진 퇴거하게 된 것은 역세권개발사업을 진행하는 한국철도시설공단이 경의선 공유지 활동가와 쫓겨난 자들 등의 시민을 상대로 36억 원 상당의 소송을 가했기 때문이다. 하지만 당시 경의선

공유지 활동은 경의선 부지를 사여 년 '일시적 사용'
하면서 도시의 투기화에 대항하고 공유지로서
공간을 활용함으로써 커먼즈의 구체적 실현과
가능성을 보여주었다. 실제로 솔방울커먼즈에
모인 이들은 경의선 공유지에 오가며 연결고리를
맺었다. 커먼즈 이론을 공부하다가, 게릴라가드닝을
시도하다가, 토지자산화를 시도하고자, 환경운동을
하고자 등등 저마다의 이해가 만나게 된 것이다.
이로써 "각자 다른, 다양한 사람들이 모여서 생겨난
가파른 러닝커브(learning curve)"와 "서로 생각의
지형들이 달라지는 순간들"도 있었다.

경의선 공유지시민행동이 점유한 땅
(서울시 마포구 공덕역 1번 출구 인근, 2019. 5. 3. 필자 촬영)

오동나무와 호박넝쿨, 그리고 지역의 (재)발견/탐색

2019년 초가을, 이소요 작가와 함께 송현동 돌담을 둘러보며 오동나무를 발견했다.[62] 송현 돌담 안 비죽 솟아있던 어린 오동나무 이파리를 보았다. 짐작해보건대, 담장 안팎으로 오동나무의 씨앗이 넘나들어 자란 것일까. 이소요 작가는 오래된 동네에서 갈라진 시멘트 틈새에 나 있는 오동나무를 발견한다. 예로부터 목재와 약재로 쓰여 심어 기르던 오동나무는 이젠 그 쓰임이 많지 않아 지금의 도시 환경에 나름의 방식으로 생존하고 있다.[63] 우리는 오동나무를 보고 그동안 생각지 못했던 송현동의 식생에 대해 고민하게 되었다.

그렇다. 송현동에는 이미 존재하는 것들이 있었다. 그 존재들과 맺을 관계를 고민하던 때는 2020년 솔방울위크에서 열린 송현계 모임에서였다. 소나무 숲을 관리하는 사람들의 모임 '송계'를 차용해, 솔방울커먼즈는 송현계를 만들고 계원 모집에 나섰다. 그러나 송현계는 이미 존재하는 것으로, 우리가 송현계에 참여하는 방식을 취해야 한다는 것을 알아차렸다. 당시 모임에 참여했던 계원은 "송현동 부지가 우리에게 주는 가치는 '용도'를

중심에 놓는 발상이 아니라, 그 땅을 누리게 될
'존재'들, 그 존재들이 맺을 '관계'들, 그들이 함께
송현동 부지를 상상하고 얘기하는 '과정'을 먼저
중심에 놓는 발상"이라고 전했다.

"인간사회의 주변에 존재하면서 인간 집단이
생계와 생존을 위해 의지하고 이용할 수밖에
없었던 다양한 자연자원과 그것을 이용하기 위해
인간들 사이에 형성되었던 협력적 제도들을
지칭"[64]하는 커먼즈(commons)의 언어에서,
솔방울커먼즈는 새로운 관계 맺기 방식에 대해
여전히 고민하고 있다. 다시 말해, 커먼즈로서
송현동을 어떻게 형성하고 유지할지 다양한
실천활동(commoning)을 구상하고 있다.

송현동 돌담과 오동나무 (2019. 9. 1. 오세일 촬영)

부여 생산소 호박넝쿨 (2021. 10. 17. 필자 촬영)

송현동 오동나무와 마주한 지 이년 뒤, 부여의
호박넝쿨을 마주했다.[65] 부여 규암면 생산소 옆에는
호박넝쿨이 운집해 있었다.[66] 부여 규암면을 오가는
사람들이 자신의 공간(생산소)을 가꾸면서 앞마당
격이라고 할 수 있는 호박이 자라는 공간을 발견했다.
그들은 마을에 오래 거주한 주민이 점유하고 있던
땅을 탈취해 호박의 집을 만들어주었고,
이 땅을 점유한 어느 일가를 상상하며 호박 줄기를
따라가듯 '대대손손' 이어온 호박의 족보 만들기를
시도했다. 호박의 집에 들어선 누구나 이 일가에
일원으로 받아들여지며 땅을 점유할 수 있는 권리가
주어지고, 가족임을 증명하는 가족관계증명서
발급이 가능해진다. 호박넝쿨로 이어진 땅을 함께
이용하고 관리하며 새로운 상상을 끄집어내는 또
하나의 커머닝 작업이다. 오동나무가 존재하는
송현동과 호박넝쿨이 있는 규암리는 각기 다른 땅의
규모와 이야기를 가지지만, 커먼즈로 맺어진 관계를
어떻게 이어가는지에 대한 질문을 담고 있다. 우리는
어떤 것도 분명하게 답할 수 있는 게 없지만, 이러한
문제의식을 같이 나눌 수 있는 마당을 마련하고 또
다른 공유지에 대한 사유와 도전을 이어가는 것이다.

우리는 송현동을 공동이 만들어 낸 것으로 간주해

커먼즈를 실천한다는 의미에서 '솔방울-하다'[67]라는
동사를 만들었다. '솔방울-하다'와 그 행위에서
발현된 파동이 또 다른 현장에도 질문을 낳고 실험을
만들 수 있다고 필자는 믿었다. 그러나 '솔방울-
하다'에서 '송현동'을 다른 지역으로 치환해서
어디에든 적용할 수 있는 것은 아니었다. 어느
지역과 공간에는 위계와 차이, 그리고 지역의
특수성이 있는데 이를 무시하고는 어떤 것도
진행할 수 없었다. 한 사례로, 필자는 2021년 3월
말에 창원에 우연한 기회로 가서 솔방울커먼즈
활동을 소개했다. 창원 도심이 아닌, 수정리라는
농어촌지역은 6만 평 이상의 공유수면매립지를
놓고 개발 갈등이 벌어진 곳이었다. 당일 발표는 이
마을에 공동체 회복을 위한 활동을 어떻게 진행하면
될지를 논의하는 자리로, 다양한 마을공동체 활동,
마을학교와 마을기업, 협동조합, 청년 창업 등을
수행한 활동가들이 서울, 춘천, 태백, 지리산, 목포 등
전국 각지에서 모였다. 필자는 '공유수면 매립'이라는
개발 행위를 어떻게 봐야 할지에 대한 문제제기를
하였는데, 바다를 땅으로 채우는 행위가 낳는 폭력을
지적해 공유와 환대의 가치와 의미를 말하였다.[68]
돌이켜보면, 순진하게도 경의선 공유지처럼 공간을
일시적 점유를 하든 그렇지 않든, 함께 활동할 수

있는 누군가 혹은 집단이 있을 줄 알았다. 심지어 지역개발 갈등의 골이 깊을 대로 깊었을 뿐 아니라, 연계기관이나 주체들은 참여예산과 같은 제도적 지원과 사업을 활용하면서 정치적 상황이 변하고 제도적 지원이 끊긴 이후 지속적으로 연대하기 쉽지 않은 상황이었다. 더욱이 경남 산업도시의 맥락과 지역적 갈등 상황을 살펴봤을 때, 저성장이나 탈성장을 말하거나 대안적 도시 공간과 공유를 쉽게 말할 수 있는 상황이 아니었다. 어쨌든 이 마을을 왔다 갔다 하며 봄, 여름, 가을, 겨울 사계절을 보냈고, 지역 청년 활동을 기획하기도 했다. 마을과 지역공동체에 대한 새로운 감각을 배웠다.

수정만 공유수면매립지와 수정마을
(경남 창원시 마산합포구 구산면 수정리, 2021. 5. 29. 오세일 촬영)

다시 송현동으로 돌아와서, 현재 이건희 기증관
문제가 놓여 있다. 최근 송현동을 지나가 보면,
지난번 숲·문화공원 조성 논의에서와는 다른
주민협의체의 이름으로 이건희 기증관을
환영한다는 현수막이 여기저기 늘어섰다. 송현동을
개발하려는 움직임이 다시 시작되었다. 서울시장의
공백으로 잠시 속도가 늦춰졌다고 생각했다. 그러나
문화체육부와 서울시, LH한국토지주택공사 등이
돌연 이건희 기증관을 송현동에 건립하는 방안을
마련하면서, 송현동 개발에 다시금 속도를 내고 있다.
한편 솔방울커먼즈는 이건희 미술관 건립을
반대하는 시민사회단체들과 즉각적인 대응에
나서기도 했으나, 여전히 긴 호흡으로 지속적인
움직임이 필요하다고 판단하고 있다.
그 동안 필자는 여러 지역의 초대받은 곳에서
'송현동'과 '솔방울-하다'를 나누며, 다시 현장으로
돌아가 송현계 모임과 또 다른 활동을 기획하고
있다. 국가 권력의 힘과 부딪혀야 하거나 그 힘을
느낄 때 그리고 모진 비판과 우려에 부딪힐 때 어떤
무력감과 자괴감, 그리고 환희를 느끼기도 한다.
연구 활동가로서 양가적 감정에 시달리며 일상을
살아내고 행동한다. 이런 지극히 개인적인 이야기로
이 글을 마무리한다.

56 역사학자 알프 뤼트케는 "헤겔의 아집(순수하게 자기 자신을 위해 있는 아직 노예로 머무는 자유)"을 19세기 말 20세기 초 독일 공장 노동자의 일상생활 기록을 토대로 새롭게 설명한다. 뤼트케가 주목한 "아집에 따른 행위"는 노동 현장에서 어슬렁거리기, 말하기, 순간적인 공상이다. 그렇지만 무엇보다도 돌아가면서 하는 육체적인 접촉과 장난질 등은 "자기를 중심에 두면서도 다른 사람과 함께하는 것"이다. (알프 뤼트케, 『알프 뤼트케의 일상사 연구와 "아집": 직선을 벗어나 구불구불 가기』, 이유재 엮음, 송충기 옮김, 역사비평사, 2020 참고)
다만, 그의 논의에서는 제한된 연구 대상(사료)으로 인해 남성 중심 노동자의 일상에서 아집에 따른 행위를 주목한 점이 한계라고 볼 수 있다. 이 글에서 필자는 유럽 제국주의 시대와 식민지·독재 시기를 지나온 한국의 상황을 비교·분석하기보다 일상 속 행위를 설명하는 방식을 차용한다.

57 서울시 종로구 송현동을 공동의 것(commons) 내지 공유지로 상상하고 예술과 연구, 실천하는 모임이다. 2019년 여름 우연한 대화를 통해 조직한 솔방울커먼즈는 '페이스북'이라는 온라인 공간에서의 등장을 시작으로 활동가, 예술가, 연구자 등 다양한 이가 모여 문화예술 활동과 사회적인 참여를 통해 대안적 도시 공간을 생성하는 실험이다.

58 최빛나, 『일반 자연을 위한 매뉴얼』, 미디어버스, 2015. 이 책에서는 도시가 지역성을 잃고 표준화되어가는 것에 대해 건축가 렘 콜하스가 말한 '일반 도시'라는 표현에 빗대어 4대강과 청계천 등의 자연환경을 '일반 자연'이라고 명명한다.

59 'Gate 22' 홈페이지 참조. (http://gate22.org/wordpress/)

60 「[용산공원 시나브로] 용산기지 공원화 사업, '우리사회의 숙제'」, 환경과 조경, 2021. 11. 28 수정, 2022. 5. 5 접속, https://www.lak.co.kr/news/boardview.php?id=12487

61 「성명 경의선 공유지를 떠나며: 우리, 다시 세상을 커머닝하자」, 문화연대, 2020. 6. 26 수정, 2022. 5. 5 접속, http://www.snujn.com/news/47450

62 솔방울커먼즈 페이스북에 실린 2019년 9월 1일 모임 기록 참조, https://www.facebook.com/Pineconecommoner/posts/677072702703540

63 이소요 작가의 <서울에 풀려나다>는 2018년부터 서울에 서식하는 생물을 관찰해 만드는 다큐멘터리 연작으로, 인간이 도시 환경에서 자원으로 길들였으나 풀려나서(feralized) 나름의 생태를 만들어가는 생물에 주목한다. (이소요, 「서울에 풀려나다, 오동나무」, 서울아트가이드, 2021. 6. 1, 2022. 5. 5 접속, http://www.daljin.com/column/18846)

64 정영신, 「커먼즈와 커뮤니티 관계의 역사적 변동: 제주도 선흘리 마을과 선흘곶·동백동산 관계를 사례로」, 『로컬리티 인문학』 제17호, 부산대학교 한국민족문화연구소, 2017, 119-163쪽.

65 강정아 기획자로부터 초대받아 헤즈와 셀 그리고 필자는 충남 부여군 규암면에 위치한 생산소를 방문했다. (2021. 10. 17)

66 충남 부여군 규암면 수북로41번길 9-7 옆.

67 '솔방울·하다'는 '공동이 만들어낸 것의 가치를 역사적으로 추적하고, 공동이 만들어낸 것을 특정한 이들이 독점하지 않도록 부대끼고, 공동이 만들어낸 것을 공유하기 위해 치대고, 공동이 위아래 없이 무언가를 만든다'라는 의미이다. 2019년 11월 17일 솔방울커먼즈는 공동체은행 빈고 활동가들이 머무는 공간(키키)에서 밤샘 대화를 통해 이 동사를 지었다.

68 이 지역에 가기 전에 필자는 공유수면매립 개발 갈등에 관한 자료를 조사하였다. 그리고 행사 당일에 '땅과 바다를 사유(私有)하는 것을 사유(思惟)하다'를 제목으로 발표하였다. (2021. 3. 26)

솔방울 커먼즈가 상상한 송현 주민들:

#오동나무 #2070년 송현동을 지나는 A
#탑골공원 앞에서 비둘기를 바라보고 있던 노인
#가상동 주민 송모 씨와의 인터뷰
#'솔방울을 던져 변화를 만든다' 수어 #세입자

[참고자료]
2019. 7. 첫 기록
서울시 종로구 송현동, 4m 높이의 담으로 둘러싸인 36,642㎡의 땅. 소나무 고개 초입의 이 땅은 문서의 주인만 바뀐 채로 20년 동안 방치되어 있다. 우리는 이 땅의 권리가 땅을 버려둔 채 개발의 이익만을 얻으려는 소수가 아니라 모두에게 있다고 믿는다. 우리는 이곳에서 더 많은 이들이 창조적이고 자유로우며 평화롭게 활동할 수 있도록 다음과 같은 도시의 공간을 상상한다. 개발과 돈의 논리가 아니라 삶의 논리가 적용되는 공간, 소수가 독점하는 공간이 아니라 모두가 함께 만드는 공간, 즉 커먼즈로 이 공간을 다시 상상하자. 이 공간이 정부와 소수의 이해당사자들이 만들어내는 결과물이 아니라 모두가 참여하는 새로운 도시 거버넌스의 과정이 되는 것을 꿈꾸자. 뭇 생명이 화합하는 새로운 방식으로 도시의 미래를 바라보자. 우리는 이 땅에서 더 나은 삶을 위한 도시계획, 더 나은 삶을 위한 환경계획을 실험한다. 우리는 평화와 예술의 방법으로 이 땅을 새롭게 기획한다. 우리는 새로운 공간을 창조해 내고자 하는 모든 이들을 초대한다. 우리는 솔방울커먼즈 활동 연대자들을 환영합니다. 솔방울커먼즈 연대는 숲공원화 논의에서조차 배제된 더 많은 '모두'를 불러오기를 희망한다.

[참고자료]
《송현동은 벌어진다》 전시(2020) 소개
송현동 57번지 갤러리에서 2020년 10월 마지막 한 주를 솔방울 주간으로 정해 송현동을 이야기하는 장을 펼쳤다. "송현동은 벌어진다 <Open, Happen, Rupture, Crack…… or Arise>"라는 주제로 한 열린 마당이었다. 송현동을 "리-얼 자치동", 즉 진정한 자치동이라 상정하고 송현주민을 모아 주민센터를 개관하는 구색도 맞췄다. 실제로 송현동에 거주하는 주민은 없지만, 송현동에 주민이 되고자 하는 누구나 참여할 수 있는 (가상의) 주민자치 모임이었다. 닷새 동안 전시공간을 열어놓고 평일 저녁과 토요일 오후에 각종 행사를 진행하였다. 당일 오후 1시 웹진을 메일로 보내 주민 모임에 대한 행사를 안내했다. 그리고 코로나 상황을 고려해 ZOOM을 통해 온라인으로 송출하였다. "송현 주민은 누구일까"라는 전시는 가상의 인물과 허구의 상황을 설정해 실제처럼 보이게 하는 페이크 다큐멘터리(Fake Documentary) 혹은 모큐멘터리(Mockumentary) 형식을 취했다. '송현동에 대한 이야기 무대에 초대받지 못하고, 초대받을 수 있다는 생각조차 제거된 이들'을 소개하기로 했다.

오드라데크의 정체를 밝히고자 하는 노력은
그 일이 끝내 실패할 것임을 시인하는 것으로부터 시작한다.

오드라데크는 통제구역에서 가장 수수께끼 같은 객체이자
의미의 보이드 공간을 생산하는 존재이다.

오드라데크는 다락방과 계단 마루 밑
정해지지 않은 주거지를 갖는다.

그것은 납작한 별 모양의 실패처럼 보이며
실제로도 꼰 실과도 연관이 있는 듯하지만
그것의 쓸모가 무엇인지 알 수가 없다.

오드라데크가 누구인지 알아내려면
쓸모의 의미를 달리 결정하며 살아가는 것들을
수소문해야 한다.
거주지와 정체를 지정하지 않은 채 살고있는 것들이
지금 머무르는 장소를 찾아야 한다.

오드라데크는 가장 쓸모없는 것, 비일관적인 것,
가족과 사회에 의해
건져 올라가지지 않는 쓰레기를 벗 삼는다.

자본의 질서가 버린 쓰레기에게도 집이 있다.

자본주의가 확정하는 공간 논리를 거스르는 방식으로
추, 불법, 오물이 공간을 점유한다.

쓰레기는 절대 벗어날 수 없을 것 같은
가장(家長)의 거대한 질서를 파고드는 균열점이자
다른 질서를 상상할 실마리이다.

오드라데크의 거주지는 폐허와 쓰레기 더미에서
소멸되지 않고 남아있는 '숨탄것'의 형상과 닮아있다.

오드라데크는 정주하는 시민이 아니다.
정주하는 인간이 아니고
정주하는 노동자도 아니다.

오드라데크는 다가오는 질문에 대해 반문하는 법이 없지만,
질문의 통제를 우회하고 수수께끼를 생성한다.

그리하여 가장(家長)은 고통스럽게 수수께끼와 마주한다.

"이름이 도대체 무엇이니?"라고 물으면
"오드라데크."라 대답한다.
"어디에 살고 있니?"라고 물으니
"정해지지 않은 주거지에."라 말하며 웃는다.

오드라데크의 대답은
폐를 가지고는 만들 수 없는 웃음소리이다.

탈취법: 추의 점유

민주

추를 점유하는 탈취법에 관해 이야기해보자.

오드라데크는

보이드를 점유하여 1. **보이드**

가치를 탈취하기 위해 2. **상품과 쓰레기**

추를 패러디 한다. 3. **패러디: 흉내와 웃음**

1970년대 서울에서 마주친 4. **넝마주이 예술가**

오드라데크를 소개한다.

1. **보이드**

'호박 줄기 사건'의 전말을 들었는가? 이야기에 등장하는 두 행위자는 확실히 서로 다른 전략을 펼쳤다. 「호박 줄기 사건」에서 인간은 빈 땅의 유일무이한 소유주가 되기 위해 경쟁자를 차단한 반면, 「호박의 심산」에서 호박은 모두를 끌어들이는 방식으로 제 자리를 사수했다.[69] 한쪽은 사유지를 소유하려 했고 다른 한쪽은 공유지로 만들어 공유했으니, 우리는 땅을 향유하는 여러 방식 중 두 가지를 전해 들은 셈이다.

그러나 인간과 호박은 결국 하나의 성씨 안에 묶였는데, 표면적으로는 '한'이라는 성씨를 나누어 가졌기 때문이고 다른 차원에서는 둘 다 못생긴 것의 쓸모를 이용했기 때문이다. 이들의 점유 전략은 점유 대상을 추하게 만드는 것이었다. 상품 세계에서는 더 아름답고 쓸모 있게 만들어 값을 올리기 마련이지만, 호박밭의 전략은 반대로 무가치하게 만드는 것이었다. 아름답게 꾸민 정원이 사람들의 시선과 욕망을 끌어들였을 것인 반면, 야생과 비슷한 모양으로 자라 있는 호박밭은 거기에 있으면서도 사람들 눈에 띄지 않을 수 있었다. 만약 호박이 자기 땅을 '상품'으로 만들었다면, 호박은 그 땅에 오래 살 수 없었을 것이다. 호박은 빈 땅에 머물러야만 호박으로 살 수 있었다.

호박밭은 행정상 소유주 없이 비어있는 공간, 보이드(void)였다. 이 빈 공간은 호박으로 *채워진* 만큼의 공간이니, 호박이 거기에 *있다*는 사실은 보이드 공간이 성립할 조건이 된다. 호박과 보이드는 존재하는 것과 빈 공간이 서로를 통해 규정되는 지점에 포개져 있다.

존재와 비어있음의 공존이라는 이 역설은 단순한 논리 장난이 아니다. 보이드를 통해 비어있음을 설정할 때의 효과는 특정한 인식 수준에서 요구되는 존재 조건을 따르지 않으면서도 실제로 존재하는 것을 드러냄에 있다. 보이드는 특정한 인식 조건과 현존이 어긋나는 영역을 가리킨다. 보이드는 '아무것도 없다'는 의미에서 비어있는 것을 말하는 것이 아니다. 보이드는 무언가가 분명 있음에도 불구하고 '있다'고 불리지 않는 영역을 찾아내기 위한 정의하기 놀이이다.

보이드 공간에 살고 있는 것을 가장 순수한 존재성이라고 섣불리 부르지 않는 것이 중요하다. 보이드는 가장 헐벗은 의미의 생명으로 정의되는 가장 원초적인 공간 같은 것이 아니다. 보이드는 특정하게 경험된 오드라데크로부터 만들어진다는 점에서 언제나 특정한 공간성을 이룬다. 추와 무쓸모라는 특정한 전략에 기대 몸을 숨겼던 호박에게서 우리가 미와 쓸모라는 특수한 가치 체계만을 알아챌 수 있었던 것과 마찬가지이다. 보이드는 순수한 존재성이나 원초적 공간성을 지정하기 위한 전략이 아니다. 보이드는 오드라데크의 현존으로 인해 기존의 존재 규칙이 위반된 곳에서 생성된다. 이 공간에 닿기 위해 우리는 오드라데크가 다니는 길을 추적해야 할 것이다.

인간은 오드라데크를 알아보는 데 실패한다. 이름도 역사도 기능도 오드라데크의 정체를 말하지 않는다. 존재를 구성하는 조건과 현존의 불일치가 빚는 비애 앞에서 인간은 무엇을 할 것인가? 카프카의 가장은 슬퍼했다.[70] 오드라데크를 끝내 이해하지 못했지만, 언젠가 다시 대화가 오가기를 기대하며 다락과 복도를 비워두었다. (하지만 우리가 카프카의 가장처럼 할 수 있을까? 카프카의 가장만큼은 할 수 있을까? 오드라데크를 이해하지 못한 채로도 오드라데크가 존재한다고 생각할 수 있을까? 옆에 치워 두고 잊어버리는 것이 아닌 방식으로, 계속해서 시야를 오가게 내버려 두는 방식으로, 존재하는 것을 존재하게 할 수 있을까?) 그녀의 슬픔, 자신의 무지를 슬퍼하는 힘은 역설적으로 오드라데크가 빈 공간을 점유할 수 있게 한다. 사유의 재물로서 다시금 인간 자신을 택할 수밖에 없는 무능력이 오드라데크의 빈 공간을 보전하기 때문이다. 오드라데크를 사유의 권능 너머에 버려두는 능력이 *의미가 비어있는 공간*을 가능하게 한다.

보이드는 불가해한 대상을 기존의 의미 체계에 억지로 구겨 넣지 않으면서도 그것과 관계 맺을 방법을 모색하기 위한 전략이다. 오드라데크가 자신이 머무는 곳에 거주할 권리를 위해 보이드는 지도에 여백을 덧대고 빈 땅을 그려 넣는다.

2. 상품과 쓰레기

이윤을 알아보는 눈이 밝은 시대에 가치 있는 것은 곧장 상품이 된다. 대상에 가치를 부여하고 그 가치로부터 자신을 재생산할 권능을 우리 시대는 자본에게 부여했기 때문이다. 신이 심판하기를 멈춘 곳에서 자본은 미와 기능의 의미를 재정의하고 강화함으로써 '가치 있는 것들'의 자기 증명 경주를 심판본다. 소유가 욕망할만한 것을 대상으로 이루어지고 욕망이 쓸모 있거나 아름다운 것을 대상으로 일어날 때, 욕망할 만한 가치가 없는 것은 상품이 되지 못한다. 거의 모든 생산에 자본이 개입하는 시대에 이는 곧 자본이 욕망할만한 가치가 아니라면 사회 안에 있을 자리가 없음을 뜻한다. 욕망되지 않고서는 소유를 통한 관계망에 들어갈 수 없다. '일하지 않는 자 먹지도 말라'는 격언은 가장 단순하게 해석되는 방식으로 이런 식의 존재론을 정당화한다. 대다수의 사람이 자본의 감식안을 신뢰하는 사회에서 돈 되는 생산을 하지 않는 자의 주변화는 더욱 심화한다.

그러나 상품이 존재를 전부 대체한 것은 아니다. 상품들의 도시에는 반드시 쓰레기가 있기 때문이다.

자본과 욕망의 순환에 올라타지 못했거나 그 순환을 마치고 남은 부산물은 쓰레기라는 공통된 이름을 얻는다.[71] 이 부산물에는 비용을 치르면서까지 공간을 차지하고 있어야 할 만한 가치가 남아있지 않다. 그럼에도 불구하고 쓰레기는 거기에 있다. '쓰레기가 있다'는 사실은 자본과 상품이 아닌 방식으로 존재하는 무언가가 있음을 예시한다. *무쓸모한 것이 반드시 존재한다.* 버려진 것, 상품 세계의 성원이 아닌 것, 승인되지 않은 것, 실격된 것이 어떤 자기 증명도 없이 시장의 안팎에 있다. 쓰레기는 도시의 공간을 차지하면서 자기 존재만큼의 가치와 의미를 *비운다.* 쓰레기의 공간은 보이드이다.

쓰레기가 차지하는 공간을 보이드로 읽을 때, 쓸모와 존재는 새로운 질서와 의미를 짓는다. 상품으로 선택되지 못한 것이 있다는 사실은 *자본이 보지 못하는 가치*가 존재하리라는 예감을 거울처럼 비춘다. 카프카의 「가장의 근심」에서 가장이 오드라데크의 의미를 식별할 수 없었던 것처럼, 자본의 눈에 식별되지 않는 가치들이 있다.

3. 패러디: 흉내와 웃음

자본의 시대에 자본의 쓸모를 벗어난 생산은 존재할 당위를 갖지 못함에도 불구하고, 불필요한 생산을 감행하는 이들이 있다. 예술가가 그것이다. 쓸모가 없음에도 구현된 욕망은 정확히 예술을 수식한다. 예술은 자본에 선택되기 위한 생산보다 넓은 의미의 생산에 관여하기 때문이다. 예술의 자유는 자본의 필요를 넘어설 수 있음에서 비롯한다. 예술은 그것이 시대의 지배적 가치를 완전히 벗어나거나 가로지르는 생산을 할 경우에도 여전히 예술로 남는다. 예술은 쓸모없다고 불리는 길을 선택할 수 있기에 자유롭다.

보통의 쓸모와는 무관한 논리로 생산할 때 예술가는 보이드를 짓는다. 예술은 가치와 의미를 합의하기에 앞서 사전적으로 벌어지기에, 작품은 항상 가치와 의미가 비어있는 상태에서 태어나는 것이다. 예술은 보이드 공간을 통해 성립한다.

예술이 쓸모와 기능으로부터 자유로운 한 누군가에게는 여전히 그리고 항상 쓰레기이다. 그러면서도 어떤 이유에서인지 예술은 욕망되길 멈추지 않는다. 자본은 도시의 예술 중 몇몇을 상품의 세계로 끌어오는데, 예술이 그런 자본의 욕망을 이용해 자신이 존재할 공간을 확보할 때 우리는 예술의 일부를 비로소 마주 본다. 예술이 시장에 자신을 노출하는 이 시점에 예술의 *패러디*가 작동한다. 패러디는 대상을 흉내 내면서 웃음을 자아낸다. 웃음을 낳는 방식으로 비틀어 흉내를 냄으로써 대상의 내부에 파동을 일으킨다. 마찬가지로 쓰레기라 불리는 예술은 상품들이 가지런히 진열된 세계에서 가치가 비어 있는 공간을 점유함으로써 균열을 낸다.

「가장의 근심」에서 오드라데크가 가장들의 집을 이리저리 오가던 것과 마찬가지로,[72] 예술은 때때로 상품 세계로 나가 집(house)들을 굴러다닌다. 오드라데크가 가장에게 자신의 불가해성을 노출함으로써 죽음이라는 심원한 인간성을 뒤흔들었던 것처럼, 예술은 자본의 쓸모를 거스르는 생산품을 상품 세계의 진열장에 끼워 넣음으로써 자본의 질서를 조금씩 변화시킨다. 예술은 보이드에서 보이드를 생산하고, 상품 세계에서 상품을 패러디한다. 그리고 패러디를 통해 세계의 변형에 개입한다.

호박이 전개한 추의 점유는 패러디를 통해 기존의 질서를 공략하는 한 가지 방식이었다. 호박은 자신의 땅을 지키기 위해 자본의 가치 체계를 역이용했다. 그는 추해짐으로써 자본의 관심에서 멀어지고, 자본의 사랑을 비껴감으로써 상품의 세계에서 보이드를 누렸다. 추의 점유는 무쓸모를 통해 존재성을 획득하는 모순을 실행함으로써 미와 상품을 연결하는 기존의 가치관을 패러디한다. 호박이 인간의 성을 통해 인간적 가계를 드나들었듯이, 어떤 생산자들은 사이비 상품이 될 생산품을 통해 도시에 드나들 수 있을 것이다. 패러디는 상대를 균열시켜 공간을 생성하기 위해 바로 그 상대의 논리로 위장한다. 물론 그 흉내는 웃을 수 있는 여유가 함께 하는 것이어야 할 것이다. 웃음을 동반한 흉내가 아니라면 그것은 금세 상품이 되기 위한 고군분투가 되기 때문이다. 추의 점유는 흉내와 웃음의 전략이다.

패러디를 통해 오드라데크는 기성의 세계와 분리되지 않으면서도 다른 질서를 실천한다. 오드라데크가 웃으며 기존의 질서를 흉내 낼 때, 호박이 추에 몽매한 인간의 질서를 이용할 때, 그들은 세계 내부에서 작용하면서 세계와 연결된다. 반면 완벽한 배척으로서의 거부는 때로 정반대의 방향으로 대상을 준수하고, 그 결과 거부하려던 애초의 질서를 강화한다. 자본주의에 대한 전면적인 거부가 저항하는 개체의 파괴와 그로 인한 자본주의 공고화로 이어지는 현상은 이런 측면에서 반성되어야 한다. 문제는 저항의 논리가 잘못되었음에 있지 않다. 문제는 질서가 총체적일수록 저항선이 질서 자체에 함몰되기 쉬워진다는 점에 있다. 따라서 자본주의 다음을 상상하려는 거시적인 전략은 자본주의의 내재적 조건을 무력화하기 위한 미시적 책략을 필요로 한다. 기존 질서의 반대를 행하는 방식이 아니라, 그 질서의 전제들을 무질서하게 재조합하는 방식으로 질서와 보이드를 횡단하면서 말이다. 우리의 선택은 지배적인 가치 중 일부는 포함하고 일부는 포함하지 않음으로써 가치 체계의 배열을 흐트러뜨릴 수 있다. 우리는 각자의 장소를 보이드화함으로써 기존의 질서를 전적으로 탈출하지 않고도 그 작동을 무효화할 수 있다. 철저하게 소외됨을 전략으로 할 때 외부성 자신이 직면하는 폭력은 파괴적이다. 이 절대적이고 직접적인 상처를 낭만 뒤에 숨기지 않는 것이 관건이다. 이것이 '추의 점유'가 오드라데크의 패러디에서 출발하는 이유이다. 예술은 패러디를 통해 자본의 상품들 사이에 균열을 만들어 넣는다. 그리하여 예술은 기성이 누리던 가치를 탈취하고, 상품 세계와 보이드 모두를 누빈다.

4. 넝마주이 예술가

전후 혼란기를 거친 서울 곳곳에는 주인 없는 땅이 있었다. 이쪽과 저쪽을 정확히 가르기가 모호한 경계 지대인 경우가 많았다. 물이 끝나는 지점과 육지 사이 경계를 정확히 긋는 것은 불가능하기 때문에 천변에는 얼마간 경계면이 있기 마련이다. 사람들은 그곳에 판자로 집을 지어 살았다. 넝마주이도 그들 중 하나이다.

넝마주이는 그 무허가 지대를 돌아다니며 길거리에서 쓸 만한 넝마를 줍던 사람들을 의미한다. 이들은 아직 '미화'되지 않은 강변에서 쓰레기를 줍고, 재활용할 수 있는 폐품을 골라 되팔거나 그것을 재료로 우산 따위의 간단한 물건을 만들어 도시에 팔았다.[73] 이들의 생산품은 항상 새것인 동시에 헌 것이었다. 신상품의 신분으로 시장에 출입한다는 점에서 새것이지만, 이전에 상품이었던 것의 환생이기에 헌 것이다.

넝마주이는 주인 없는 땅을 향유했다는 점에서 보이드 공간의 성원이었다. 그들은 자기 소유가 아닌 땅에 집을 지음으로써 보이드를 점유했다. 그러나 넝마주이의 보이드는 항상 철거된 장소로서만 성립했다. 도시를 계획하는 자의 눈에 보이지 않는 동안만 존립했고, 발각된 이후에는 새로 들어올 상품들을 위해 곧 자리를 비워야 할, 즉 디보이드(de-void)되어야 할 대상으로서만 존재했기 때문이다. 도시에서 보이드 성원은 무허가 주택에 사는 무허가된 것, 주민이 아닌 것, 없어져야 할 것이다. 그리하여 철거민은 언제나 자리를 뜨면서부터 성립하고, 철거민의 공간은 비가시화됨(또는 비가시화되어야 함)을 정체성으로 하는 보이드가 된다.

이들이 서울의 보이드를 발굴하고 생성하는 과정은 도시의 개입으로 인한 보이드의 디보이드화와 맞닿는다. 청계천 변에서 중랑천 변으로, 중랑천 변에서 남산으로, 남산에서 난지도로 이어지는 철거민의 역사는 문명화와 도시화의

경로를 땅에 새긴다. 이런 점에서 판자촌 주민
넝마주이는 해방 이후 서울이라는 도시를 확장해
간 역사적 주체(subject)인 동시에, 역사 속으로
사라짐으로써만 이름을 얻는 비체(abject)이다.

그러나 동시에 넝마주이는 도시 내부에 거주하면서
도시에 개입한다. 넝마주이는 생산의 재료를
도시에서 가져오면서 한번, 생산된 결과물을 도시로
팔러 갈 때 또 한번 도시와 관계한다. 넝마주이는
자본이 더 이상 가치를 추출하지 못하고 버린 것에서
다시 상품성 비슷한 것을 만들어냄으로써 자본의
눈이 가지는 사각지대를 점유한다. 그리고 자신의
생산품을 자본의 순환에 끼워 넣는 방식으로 도시의
상품 질서에 안에 *자기 자리*를 만든다. 넝마주이는
쓰레기 상품을 생산한다는 점에서, 그리고 그렇게
만들어진 쓰레기 상품을 도시에 판매한다는 점에서
두 번 자본을 패러디한다.

우리는 오늘날의 창작자에게서 넝마주이 예술가를
발견한다. 넝마주이는 예술이 그러하듯 자본의
질서를 비틀어 흉내 내 상품 질서에 자신의 흔적을
남겼다. 보이드는 자본의 가치로부터 자유로울 수
있는 공간이 되고, 그곳에서 넝마주이 예술가는

쓸모없어 보이는 욕망을 관철하며 보이드를 만들어
낸다. 보이드는 예술의 장소이자, 넝마주이의
작업장이다.

자본주의와 도시가 삶의 조건을 구성하는 시대에
예술과 넝마주이는 넓은 영역에서 겹친다. 그들은
자본이 주인인 땅에서 건진 재료로 자본의 쓸모를
벗어난 것을 생산하고, 그것을 자본의 시민들에게
판매함으로써 사회를 더 넓은 존재들의 것으로
변화시킨다.

***

욕망에서 쓸모를 뺀 것이 쓰레기라면, 이 쓰레기를
오드라데크라 부르고 거꾸로 '쓸모없는 욕망'이라
부연해 보자. 쓸모없는 욕망이면서도 존재하는
모든 존재자와 그의 생산은 곧 언제나 쓰레기였던
오드라데크이다. 이 불가해한 비존재를
오드라데크라 불러 존재성을 부여할 때, 우리는
그것이 어디에나 있었음을 재차 기억하게 된다.
2020년대 부여의 호박은 추를 통해 보이드를
점유했다. 넝마주이는 1970년대에 만들어지고
있던 대도시 서울이라는 특정한 맥락에서 상품의

가치를 탈취했다. 이들은 모두 우리가 우연히 마주친 오드라데크의 얼굴이다.

> 연재는 콜리가 하늘을 바라보다 낙마했다는 사실을 다시금 되새겼다. 숨이 없는 것만이 할 수 있는 위험한 욕망이었다. 하지만 방금 전의 문장은 오류다. 숨이 없는데 어떻게 욕망이 있을 수 있을까.
> — 천선란의 『천 개의 파랑』 중에서 [74]

69 이 책의 84쪽('호박 줄기 사건')과 118쪽('호박의 심산') 참고.

70 이 책의 10쪽 참고.

71 "사물에서 욕망이 완전히 빠져나가면 우리에게는 욕망의 부산물인 쓰레기가 남는다." 브라이언 딜, 『쓰레기』, 한유주 옮김, 플레이타임, 2017, 40쪽.

72 프란츠 카프카, 「가장의 근심」, 『프란츠 카프카: 변신 외 77편』, 박병덕 옮김, 현대문학, 2020, 287쪽.

73 넝마주이에 관한 연구는 다음을 참고하라. 윤수종, 「넝마주이와 국가」, 뉴 래디컬 리뷰 제56호, 2013, 266-68쪽; 김동길, 「넝마주이」, 새가정, 1966, 60-61쪽; 배상희, 「난지도 쓰레기 매립지의 형성과 재활용」, 2020, 28-32쪽; 박홍근, 「사회적 배제의 형성과 변화 - 넝마주이 국가동원의 역사를 중심으로」, 사회와 역사(구 한국사회사학회논문집) 108, 2015, 233-234쪽.

74 천선란, 『천 개의 파랑』, 허블, 2020, 308쪽.

비애의 공간으로 초대

강정아

내가 태어나고 자란 땅의 희미한 냄새를
떠올리면 몸을 감싼 살결의 내음과 향수
냄새가 뒤섞여 역겹게 느껴진다. 아무리
치장하고 꾸민다고 해도 그 내음의 악취는
숨겨지지 않는다. 그러다 숨을 깊게
들이마셔서 호흡한다. 들숨과 날숨, 나를
감싸던 그 냄새를 더듬어본다. 젖가슴
사이에 흐르는 땀방울, 속옷을 살짝 적신
애액, 그리고 한여름의 무더위에 죽어
나간 동물의 사체, 뜨거운 햇살 아래
말라비틀어진 작디작은 동물들, 그리고
태어나지 못한 채 버려진 흰자와 노른자의
비릿한 냄새, 생명을 가두었던 껍질이
깨져버린 후 열기로 뒤덮인 아지랑이가
언제나 이곳이 여름임을 상기시킨다.
여름의 강렬한 풍경은 양계장의 비릿한
냄새로부터 시작한다.

나의 고향은 시내로 나가는 버스가 하루 몇 대 밖에 오지 않는, 작은 읍면 단위로 이뤄진 곳에 있다. 이름만 대면 다 아는 관광지의 풍경이었지만, 그 풍경을 뒤로한 채 아무도 찾지 않는 곳에서는 악취가 풍겼다. 한때 번창하게 운영했던 양계장은 사장이 야반도주한 뒤 껍데기만 남은 잔해들로 뒤엉켜 있었다. 여름마다 고약한 냄새를 풍겼고, 약간 언덕에 위치한 양계장을 향해 달려갈 때 뺨을 때리는 비릿한 바람이 좋았다. 작은 시골 마을이었기에 교통이 불편해서 동네 바깥으로 나가기 어려웠다. 갈 수 있는 공간과 장소는 한정적이었고, 홀로 시가지로 나간다는 것도 쉽지 않았다. 양계장은 내가 두 발로 최대한 멀리 나갈 수 있는 곳이었다. 그곳으로 달릴 때마다, 자유에 대한 생각을 품었던 것 같다. 기억 속 마주한 풍경은 한여름의 강렬한 햇살을 피하고자 처마가 있는 그늘에 몸을 숨기고, 해가 지기만을 기다리며 발아래 무심히 놓인 돌멩이를 무심히 툭툭 치는 장면이다. 아무것도 할 수 없는, 꼼짝 못하게 옭아매는 가두리 양식장처럼 뜨거운 햇볕으로부터 도망갈 길이 없기에, 한여름의 매미 울음소리가 처연하게 들렸다. 갈 길 잃은 발걸음이 어디론가 닿기를 바라며, 붉은 열기를 뒤로한 차가운 콘크리트의 직선길이 나의 유일한 꿈이었고 발길

닿는 곳 어디로든 달려가고 싶었다.

고향을 떠나 도착한 콘크리트의 땅은 온갖 길들을 연결했고 가고자 하는 곳은 어디든 갈 수 있게 했다. 나는 햇볕을 피해 숨은 처마의 그늘을 떠올리며 손바닥으로 하늘을 가리듯 가려보았지만, 사각의 벽들이 이미 하늘의 여백을 가로막았다. 가려진 그늘막은 이제 그림자가 되었다.

집을 떠나 둥지를 튼 곳은 고시원이었다. 고속버스터미널과 가장 가까웠고, 다른 곳과 비교하고 자시고도 없었다. 그곳은 누가 봐도 제일 싼 방이었다. 그 방에는 작은 창 하나가 있었는데, 문을 열자마자 바로 앞 건물 때문에 바깥 풍경은 바라볼 수 없었다. 운이 좋았다고 생각했다. 풍경을 볼 수 없었기에 마음껏 문을 열 수 있었고 바람을 맞을 수 있어서 좋았다. 돌멩이를 툭툭, 발로 차고 싶었지만 콘크리트의 땅에서는 작은 돌멩이조차 발견할 수 없었다. 매끄러운 아스팔트로 지탱한 나의 두 발이 뿌듯했다. 집을 떠나와 도착한 도시는 달랐다. 생활비는 언제나 부족했고 아르바이트를 하게 되면서 서울 '살이'를 시작했다. 깨끗한 도시 사람들은 하얀 치아를 갖고 있고, 무채색의 옷을 주로 입었다. 이것이 일종의 그들의 보호막이라 생각했다. 그들이 누가 누구인지 구별하기가 어려웠고, 타인을 향한 비속어를 쓰는 것이 무식하다는 것, 배운 게 없는 사람이 가진 것 없는 사람보다 더 업신여겨진다는 것을 알았다. 모르는 것을 '모른다'라고 말하면 안 된다는 것. 크고 작은 일련의 경험을 통해 사람들을 살피게 되었다. 내가 자라온 곳보다도 이곳 사람들은 따뜻하고 친절했다. 하지만, 도무지 그들의 일은 줄어드는 것 같지 않아 보였다. 친절한 도시 사람들은 닥치는 대로 일했고 밤낮없이 한강을 비추는 야경은 꺼지지 않았다. 일어나는 모든 자리에는 일거리가 쌓였고 쪽잠을 자고 일어나도 그 일은 끝나지 않을 것만 같았다.

보이지 않는 곳에서 일하는 사람들이 있다. 저녁 시간 때가 되면 사람들은 고기를 부위별로 구워 먹는다. 고기를 굽기 위해 검게 탄 석쇠를 닦아내는 삼촌, 밑반찬을 만들기 위해 재료를 손질하거나 먹다 남은 음식물을 정리하는 이모, 계단 청소부터 홀 서빙까지 이 일을 하는 사람을 '사용인'이라 부른다. 누군가를 위해 편리하게 깨끗하게 만드는 일을 하는 이들. 세상을 깨끗하게 만드는 일, 어떠한 부탁과 일을 거절하거나 보류하거나 망설이지 않는 것처럼 보였다. 일에 관련해서는 무슨 일이든 가리지 않는 대담한 손동작이 부러웠다. 나는 이들을 따라 매일매일 일을 했지만, 무슨 일인지 돈은 좀처럼 모이지 않았다. 일이 끝나면 일당으로 돈을 받았는데 그 돈은 하루 삼만 원 정도 되는 돈이었다. 나는 만 원짜리 두 장을 한 장 한 장씩, 천 원짜리 열 장을 한 장 한 장씩 접어 주머니에 넣고 다녔다. 부랴부랴 일을 끝내고 집으로 돌아오는 골목길에 작은 포장마차가 나를 유혹한다. 그 냄새는 코끝을 매콤하게 때리면서도 위액을 보호하는 침이 흘러내리게 만드는 달고 단 냄새였다. 냄새를 흠뻑 폐까지 듬뿍 들이마시면 군침이 입 안 가득 채워진다. 군침을 겨우 삼켜야 그제야 목이 말랐다는 사실을 알 수 있다. 근처에 다다르자 냄새는 참을 수 없는 지경이 되어 주린 배를 움켜잡았다. 나는 김이 모락모락 나는 그 길을 결코 그냥 지나치지 못한다. 다행히, 얼쩡거리는 사람은 없다. 마감 시간이 가까워서인지 어묵 몇 개가 퐁당, 떡볶이 몇 개가 말라붙어있다. 양념이 굳어서 하나의 막이 쌓여있는 저 상태는 내가 좋아하는 상태이다. "얼마예요"라고 묻고 혀를 날름거리며 입술을 적셨다. 말이 끝나자마자 덥석 어묵 하나를 집어 우걱우걱 씹어 먹는다. 어제도 그 어제도 입천장이 까져 혓바닥으로 미끌미끌 같은 자리를 혀로 굴려본다.

들쥐처럼 야금야금 식량을 파먹는 여자를 보았다. 고시원에 사는 어눌한 한국말을 하는 여자였는데, 나보다 대여섯은 많아 보였다. 어느 나라 사람인지 정확히는 모르겠지만, 도시 사람들보다 까만 피부와 누런 이를 가졌던 것을 보니 확실히 도시 사람은 아니었던 것 같다. 그 여자는 반찬통에 이름이 기재되지 않은 누군가 버려둔 오래된 밑반찬을 먹는다. 그 여자도 나처럼 출퇴근 시간이 일정하지 않기에 낮에 울리는 발소리의 흔적만으로도 그 여자임을 직감적으로 알았다. 그 여자도 나와 같은 시간대에 일어나고 잠을 자는 것 같다. 벽 너머 그녀의 소리를 입과 눈과 코로 맡아본다. 한번 시작하면 멈추지 않는 마른 기침 소리를 듣다가, 나는 엄마와 헤어진 마지막 날이 떠올랐다. 그날, 엄마는 독감에 걸렸다. 그래서 그 아픈 몸을 이끌고 엄마는 떠나는 나를 배웅하러 왔던가. 안녕을 어떻게 고했던가. 흐릿한 장면의 손짓이 모호하게 뻗어있다. 기억나지 않는다.

일어난 지 한두 시간 만에 그녀는 공용 냉장고를 뒤적인다. 이름 모를 반찬통, 남겨지고 버려진 음식을 파먹는 여자.

사투리를 쓰는 나와 어눌한 한국말을 쓰는 여자가 비슷하다고 생각했다. 그녀와 비교하면서 억양의 높낮이, 맞아 떨어지는 말의 호흡, 가벼운 몸놀림, 발 빠르게 움직이는 법, 엉덩이를 가볍게 두는 법을 유심히 쳐다봤다. 아무도 가르쳐주지 않았고 알려주지 않았다. 사람을 빤히 쳐다본다. 생김새, 걸음걸이, 표정과 제스쳐, 그것들이 배움의 전부다. 뭘 쳐다봐. 기분 나쁘게 왜 쳐다봐. 나는 마음속으로 기필코 쓸모 있는 사람이 될 것이라 되새긴다. 쓸모가 있다면 나는 굶어 죽지 않을 것이다. 아무도 나를 하대하지 않을 것이다. 상대와 하대는 누가 위고 아래인지 묻지 않아도 하대의 상대는 금방 판명 난다.

내가 자란 그 땅의 내음, 기억을 저문 고향은 비릿한 냄새를 선사해준다. 더 빠르게 멀리 콘크리트 땅은 비릿한 냄새를 사라지게 만들지만, 냄새를 지우기 위해서 표백제는 물기를 지우고 악취를 잠재운다. 먹다 남은 음식은 누군가에게 하루의 식량이 된다. 식탁에 식기를 차려 먹지 않기에 나는 그녀를 '들쥐 같다' 표현한다.

차가운 콘크리트의 직선의 길이 유일한 꿈이었고
밤낮의 붉은 열기가 온몸을 감쌀 때 그것이 자유라
생각했다. 갈 길 잃은 발걸음이 어디론가 닿기를
바랐다.

고향을 떠나 도착한 콘크리트의 땅은 온갖 길들을
연결했고 가고자 하는 곳은 어디든 갈 수 있게
하였다. 나는 햇볕을 피해 숨은 처마의 그늘을
떠올리며 손바닥으로 하늘을 가리듯 가려보았지만,
사각의 벽들이 이미 하늘의 여백을 가로막았다.
가려진 그늘막은 이제 그림자가 되었다. 친절한
도시 사람들은 닥치는 대로 일했고 밤낮없이 한강을
비추는 야경의 불빛은 꺼지지 않는다. 일어나는 모든
자리에는 일거리가 쌓였고 쪽잠을 자고 일어나도 그
일은 끝나지 않을 것만 같았다.

악취를 벗 삼던 곳, 비릿한 냄새를 피해 달려온 곳,
나의 고향 그 집은 재래식, 수세식, 아직도 구더기가
변을 먹는 파리가 있다. 초라한 옛 시절의 스산한
감정인 걸까. 때론 무심한 냄새가 나를 찾아오기도
한다. 들쥐가 되어 척박한 땅, 풀숲을 헤치고
구덩이를 파내 직선의 터널을 뚫고 도착하니 참을
수 없는 허기가 진다. 배고픈 냄새가 나를 옭아맨다.

주변을 깨끗하게 만드는 이들이 많아질수록, 도시의 불빛이 사라지지 않을수록 말이다.

태어나지 못한 채 버려진 양계장 알들의 잔해처럼 쓸모를 다하지 못한 인간의 몸 또한 쓰레기처럼 버려지지는 않을까. 쓸모를 다하기 위한 목적지가 있는 곳으로 달린다. 길은 길로 연결되어 있고 그 길을 따라 두 손과 발은 속도에 맞춰 빠르게 뛰기 시작한다. 문화가 자연을 착취할 때처럼, 쓸모를 증명하기 위해서 몸은 훼손당하기 쉬워지고 노동하는 몸으로 제압 당한다. 도시를 향한 빠른 교통은 더욱 다양한 길을 닦아내고 깨끗하게 위생은 강화된다. 악취가 진동하는 쓰레기 더미를 도시 바깥에 더욱더 멀리 외곽에 버려둔다. 모든 곳이 치열한 경쟁의 장소로 위치한다. 바깥으로 밀려난 더미가 땅 밑을 기어 다니면 다닐수록 땅은 악취를 풍기기 시작한다. 더럽고 오염되고 인간이 아닌 것들은 장소에 진입하지 못하고 경계 안팎으로 나뉘어버린다. 악취를 피해 달려왔지만, 여전히 악취는 사방으로 풍긴다. 서로가 풍기는 악취를 맡지 못하기에 결국 악취로부터 도망갈 길은 없다.

한여름에 무더위에 죽어 나간 동물의 사체를

기억하자. 나를 감싸던 악취는 그것들의 죽음으로부터 더 이상 악취로 여겨지지 않고 살아 있는 동시성으로 작동한다.[75]

75 웹진 《공생공락》 제5호에 실린 필자의 글
 <비(秘)애의 공간으로의 초대>(2021.08.30.)를
 각색하여 기재하였습니다.

용서의 경계

『오독(誤讀) 풍경』 중

봄로야

***

"탈출을 통한 저항을 주제로 한
이야기들은 정적으로 투쟁하고 변화를
이룰 수 있는 가능성 또한 무시한다.
로컬리즘(localism)은 반드시 세상을 좁게
보는 시각이 아니며 여행은 또한 세상을 넓게
보는 시각이 아님을 인정해야 한다."
(린다 맥도웰, 『젠더, 정체성, 장소』, 여성과 공간
연구회 옮김, 한울, 2019, 146쪽)

***

죄를 지으면 머리만 남기고 산채로 땅에 묻혀야
용서받을 수 있는 명상 센터가 있대. 어디에? 남미에.
남미, 어디? 그건 몰라. 너와 나는 명상 센터인지,
그런 풍습이 있는 지역이었는지 기억이 나지 않지만,
적당히 쌉쌀한 와인을 마시며 서로의 말에 취해
있었기에 되묻지 않았다. 땅, 머리, 두 손, 빌기 등등의
단어를…… 머리론 그들을 용서하나 기억해…
그날을, 몸은, 유물발굴 현장 인부 매몰 '파묻힌
안전'…… 또, 브라질에서 실수로 땅에 묻힌 여자, 11일
동안, 관뚜껑을 손톱으로… 매일 밤, 묘지에서 신음이,
몰랐대, 귀신인 줄…… 짖는 강아지…… 시끄럽다,
콘크리트, 늙은 개 공원에, 묻은, 주인, 또, 또, 아파트
경비원… 조류인플루엔자 유행, 닭과 오리 살처분…
치킨값 괜찮을까. 타이틀 뽑은 거 봐라. 나쁜 XX들.
살기 위해 움켜쥐고, 긁고, 파고, 벌리는 손을 한
번이라도 본 적 있어? 없어. 엔터키를 툭툭 누르며
기삿거리를 스크롤하는 못 박힘 하나 없는 고운 네
손가락. 매주 돌무덤에 묻혔다가 부활하신 예수를
네 혀에 녹이며, 어제를 용서하고, 내일은 용서받기
위해 기도하는 네 두 손의 피상. 나는 빌어야 할 두
손과 꿇어야 할 무릎이 땅 밑에 있다면, 대체 어떤
얼굴이어야 용서를 받을까 따위의 잡념에 빠졌다.

헌인 마을

주인이 없어 보이는 가구점들, 교회, 길가에 줄줄이 붙어 서 있는 컨테이너에 스프레이로 거칠게 쓴 구호들, 가시박 덩굴로 뒤덮여 그 아래 뭐가 있을지 모를 구멍 같은 숲, 얽히고설킨 거미줄, 부서진 아스팔트 길 틈에 마구잡이로 자라고 있는 들풀이 스산하게 마을 전체를 감싸고 있다. 도시 곳곳에서 모인 물건들이 거대한 철판을 덧대 만든 고물상 구역 안에서 부서지고 쌓이기를 반복하며, 이 마을에서 가장 활발하게 그 존재감을 뿜어낸다. 몇몇 남자들이 쓰레기인지 재활용 가능한 물건인지 모를 것들을 오래된 나무 아래 버리고 있다. 너는 '동물 유기 금지' 간판이 박힌 공터인 사유지를 물끄러미 바라보았다.

상념으로 365일을 사는 네 가치가 완전히 소멸해야 이 동네에 유기된 동물들이 너를 반길 거야, 라고 굴러가던 돌이 중얼거렸다. 너는 1년 동안 아무것도 결정하지 못한 자신을 탓하며 돌을 뒤따라 걸었다. 돌이 길을 안내해줄 리는 없다. 돌은 굴러다니다 몸에 잘 붙는 홈에 걸려 있으면 그만이다. 너는 돌이 될 수 없다. 홈에 걸리면 넘어질 뿐이다. 굴러가던 돌이 홈에 걸려 멈췄다. 네 몸은 쓸 만하니? 네 손은 지금 무엇을 쓰고 있니? 돌의 말붙임을 지나 계속 걸었다.
상념 말고 판단을 해, 이 가구 거리를 왜 걷는지,
무엇에 홀렸는지, 너와 상관없는 이곳에서 너는
무엇을 찾고 있는지. 돌이 등 뒤에서 잔소리한다.
그만! 소리를 지르니 몰래 따라오던 까마귀 한
마리가 쳇, 혀를 차며 날아갔다. 한 가구 상점의
유리문에 사장으로 보이는 남자의 얼굴이 붙어 있다.
유리문에 인쇄된 글자처럼 납작하게 들러붙어 있던
눈, 코, 입이 유리문을 열고 불쑥 나오더니, 아가씨,
뭐 사러 왔어요? 하며 말을 건다. 몇몇 사람들이
총총걸음으로 백여우 같은 환한 미소를 지으며
교회로 미끄러지는 중이다. 깻잎을 나무처럼 키운
단독 주택이 몇 채 있다. 광이 나도록 반질반질하게
닦은 수석이 집 밖 테라스에 줄지어 서 있다.
길고양이 전용 밥그릇도 깨끗이 닦여 놓여 있다.

***

가구단지는 도시에서 사람이 살다 갔거나, 살 수 없게
만든 땅에 주로 생긴다. 그런 곳을 사람들은 흔히
도시의 경계라고 부른다. 너는 텅 빈 가구공장을 꽤
오래 바라본다. 굴뚝에서 반투명한 연기가 나는 것
같은데? 아니야, 그 아무것도 아니래. 죽은 땅이야.

누가 산 땅이래? 누가 살았냐고? 아니, 저 땅 주인은
누구냐고. 몰라, 3년째 머리만 달랑 남은 마네킹을
매달아 놓고 서울시에 내 땅 내놓으라고 목놓아
운대. 죽은 동물이 하도 묻혀 보름달만 뜨면 유령
되어 내 몸이 썩어간다, 썩고 있다 하며 엉엉 운대.
몸뚱이는 없고 발하고 깃털만 달린 새 떼들이 깃발을
들고 보초를 선대. 너는 집을 짓다 꽁무니를 빼고
달아나는 무당거미를 보며 히히 웃었다. 덩굴 숲은
마을 전체에 주술을 건다. 네가 이곳에 다시 오면,
너를 잡아먹을 거라고, 먹힌 순간 새로운 세계가
열릴 것이라고. 남미의 아마존 원주민 사이에서
환각제 이상의 신화적 치유 약으로 사용되는
아야와스카(ayahuasca)는 페루의 케추아어로 '혼의
덩굴'이라고 불린다. 경계의 시간은 느리게 간다.

***

언젠가부터 네 몸은 걸을수록 왼쪽과 오른쪽으로
벌어졌다. 양쪽을 붙잡느라 몸에 골짜기가 생겼다.
골짜기는 점점 깊어져 손이 닿지 않을 정도였고,
들풀과 덩굴로 무성해졌다. 나는 종종 벌어진
골짜기를 쾅! 하고 터뜨리고 싶은 충동이 들었다.

헌인릉

우리는 마을을 빠져나와 세곡동과 내곡동을 잇는 8차선 도로를 건넜다. 도로의 왼쪽이 헌인마을이라면, 오른쪽엔 헌인릉이 있다. 능 근처에는 생태경관보전지역으로 지정된 오리나무 숲이 있었다. 제주도에는 오리나무가 살 수 없대. 오리나무가 아니고 야자나무야. 1960년대 말쯤 제주에 처음 들여왔어. 100년 넘게 산다던데 30년째 죄다 새들거리며 죽네, 사네하고 있다니까. 아닌데, 오리나무 맞아. '오리나무는 제주에서 자라지 않는다'는 안내판을 어디선가 본 오리나무 밑동에서 분명 읽었다. 오리나무의 서식처는 인간이 쓸 수 있는 땅하고 정확히 중첩되기에 대부분 파괴되었고, 잔존하는 개체군을 찾기 어려워졌다. 흐응, 그래? 그러면 언젠가 야자나무도 제주도에 자라지 않게 될까? 너는 용과 구름무늬가 새겨진 헌인릉 펜스의 구멍 사이로 카메라를 가깝게 두고, 능 안쪽 오리나무를 흐리게 잡았다가 이내 선명하게 포커스를 맞췄다. 카메라 렌즈가 구멍에 완전히 밀착되면 구멍은 사라지고 오리나무만 보인다. 잎사귀마다 반들반들 윤이 나고 붉게 물든 덩굴줄기가 나무 기둥을 적당히 감싸고 있다. 뒤를 돌아보았다. 헌인

마을의 스산한 입구가 보인다. 다시 고개를 돌리면
매끄럽고 보드라운 능, 네 왼편은 유기된 개의 혼,
오른편은 죽은 왕의 넋. 이렇게 세계를 둘로 쉽게 쪼개
버리면 수많은 오차와 오류가 발생할 것을 알면서도,
그 사이를 뚫고 밀려오는 적요에 젖어 드는 건 어쩔 수
없다. 너는 사진을 찍으며 중얼거렸다.

끊임없이 선택하는 방법 말고는 뭐가 있겠어.

에틴져 마을

어떤 돌은 1967년 9월 15일부터 '에틴져 마을'의
머릿돌이 되었다. 우리는 이게 뭘까? 하고 사진을
찍은 뒤 지나쳤었다. 가벼운 마음으로 검색을
해보았고, 1963년부터 한센인들이 모여 살던
마을이었다는 사실을 뒤늦게 알게 되었다. 에틴져는
사람 이름이었다. 당시 미국의 변호사이자, 한미
재단의 이사였던 헤리엘 에틴져가 한센인 정착금을
기부하였고, 그를 기리는 비석이 세워졌다. 그리고
1969년, 부모가 한센병력자라는 이유로 다섯 명의
아이들은 인근에 위치한 대왕초등학교로부터
등교를 거부당했다.

"어떤 사건이 일어났을 때 누군가를 비난하기는 쉬운 일이다."[76] 문헌학자 김시덕 교수가 에틴져 마을에 관한 칼럼에 쓴 문장이다. 그는 처음에 어떤 동네를 걷기 전 지도 앱을 켜서 부지를 살펴본 뒤, 직접 보고 싶어서 걷는다고 한다. 우리도 그래왔었다. 2020년 9월 19일 자 방배동 재개발 지역을 다룬 칼럼에 실은 사진을 잘 보면 웃고 있는 우리 둘을 찾을 수 있다. 당시 나는 그와의 공시성(共時性)에 살짝 취했고, 우리는 그의 걸음을 흉내 내기로 마음먹었다.

> 나는 현재를, 현재 당신을, 흉내 내고 있습니다.

너는 덩굴이 뒤덮인 덤불 아래 하얗게 바래가던 네 골짜기에 첫 문장이 새겨졌다면서 기뻐했다. 나는 어깨를 으쓱이며 별 관심 없다는 표정을 지었다. 흉내 내기라고 스스로 내보이면 좀 비겁하지 않은가 하고 속으로 생각하면서도, 네 몸에 새겨진 문장을 소리 내어 읽었다.

> 나도 현재를, 현재 당신을, 흉내 내고 있습니다.

한 글자를 잘못 읽었잖아. 너는 왼쪽으로 갈라진
몸과 오른쪽으로 갈라진 몸을 들썩이며 웃었다.

헌인 마을과 에틴져 마을

너와 나는 세곡동과 내곡동을 다시 걷고 있다. 이번엔
단독주택단지와 신축 아파트 단지를 지나, 헌인릉과
헌인 마을 사이 흐르는 천을 따라 걸었고, '명품 강남
둘레길'이라고 소개한 생태 보호 구역을 발견했다.
생태 보호 구역이 명품이래, 우리는 킥킥 웃었다.
그린벨트 지역이 포함되어 있어, 개발제한구역
표지도 같이 있었다. 조금 더 걸으니 서초구와
강남구가 나뉘는 표지판이 있었고, 왼쪽과 오른쪽의
경계에서 자라는 나무와 풀은 관리가 안 되어 뒤엉켜
있었다. 경계에 놓여 방치된 식물은 누가 정리할 수
있지? 풀을 다듬는 인부의 손길은 머뭇거릴 테지.
서초구 관리자와 강남구 관리자가 가위바위보라도
하나, 우리는 킥킥 또 웃었다. 의도치 않게 지도의
중심에 널브러진 선을 남긴다. 명품 강남 둘레길에서
한 걸음만 디디면 서초구이고, 끊기지 않은 채
이어지는 길의 양옆으로 초췌하게 늘어진 잡초를
보며 마음이 불편하면서도, 이상하리만치 편했다.

커다랗고 까만 무당거미가 사람의 손이 닿지 않는
구석에서 진을 치고 우리를 노려본다.

> 어떤 사람들은 강남에 서 있는 수십 층짜리 건물을 보면
> 불쾌하고 끔찍하다는 반응을 보이기도 합니다. 하지만,
> 대서울은 메갈로폴리스입니다. 메갈로폴리스에는 고층
> 빌딩이 존재하는 게 당연합니다.[77]

> 모든 땅에 고층 아파트와 오피스텔과 다세대 주택을
> 세우는 것이 아니라, 그와는 조금 다른 형태의
> 건물들도 남기는 것이 메갈로폴리스 대서울에 다양한
> 성격의 시민들을 살 수 있게 하는 길이고, 그것이
> 대서울을 계속해서 생기 있는 도시로 만드는 방법일
> 터입니다.[78]

그런가, 김 교수의 표현대로라면 "대서울의
시층(時層)"을 알려주는 표식이 여기에 살았던
사람들, 길고양이, 오래된 나무, 공유지인지
사유지인지 모를 목적 없는 공터에 자란 들풀이
되긴 역시 어려운 건가? 너와 나는 지척에 널려
있지만 있어도, 없어도 상관없을 세계는 역시 힘이
없다느니, 그래도 헌인 교회는 살아남지 않겠느니
하며 울부짖는 파도처럼 바람에 울렁이는 덩굴 숲을
본다. 우리는 덩굴 숲을 감싼 녹슨 철조망에 기대
이어폰을 나누어 끼고 쇼팽의 환상곡 Op. 49를

들었다. 아르페지오 사이로 끼익, 끼익 쓰레기와
고철 덩어리를 들어 올리는 거대한 포크레인 소리가
들렸다. 제한된 모든 구역에 우리의 이야기를 묻는
게 옳은 일일까. 아슬아슬한 찰나와 두껍게 지속할
천고의 시간을 붙들고, 버티려는 이 힘이 타성이
아니라고는 말할 수 없다.

***

나는 허리를 굽혀 산책의 끝과 시작이 뒤엉키고
매몰된 너의 골짜기를 더듬었다. 탈출하기 어렵다.
어떤 경로로든, 무슨 이유에서든 이야기는, 너는
너 아니면 나의 과거로, 나는 나 아니면 너의
과거로 되돌아간다. 냄새가 나서… 골칫덩이가
되어 모두 잘린 안양시의 암수 은행나무…… 또,
세계 최초로 한센병에 걸린 침팬지를 발견……
또, 또, 세곡동 맹꽁이의 운명… 가짜 숲 조성은
명백한 식물 학대…… 1993년부터 학교 이전을
위해 전전긍긍했던 정신지체아 장애인 학교에
자리를 내어준 사람들은 당시 구 에틴져 마을,
지금의 헌인 마을에 살고 있던 주민들이었다.
기사에 따르면, 주민들이 그들에게 동병상련을 느껴
설립을 허락했다고 한다. 한센인 마을이었던 이곳에

정신지체아 장애인 학교는 여전히 마을 입구에 자리 잡고 있었다. 나는 그 장애인 학교에 대한 농담을 아무렇지 않게 낄낄거리며 퍼트리고 다닌 1990년대 초 어린 시절의 나를 떠올렸다. 수치스러운 그 기억을 네 골짜기에 새겨 두었다. 한참을 휘적거리던 내 두 손은 이제 끈적이는 거미줄과 가시 돋은 덩굴줄기에 얽혀 꼼짝할 수 없다. 나는 탈출하지 않는다. 대신 네 골짜기 안에서 손이 발이 될 때까지 그들에게 빈다. 그들이 누군데? 네 물음에 나는 대답하지 않았다. 매일, 싹싹 용서를 빌며 잡아먹을지 말지 심판하러 올 그들을 기다릴 것이다. 언제 오는데? 네 물음에, 우리는 살기 위해 움켜쥐고, 긁고, 파고, 빌고, 벌리는 손가락을 가까이서 본 적이 없지 않냐고 대답했다. 무엇을 빌든, 나는 그들과 네 옆을 머뭇거리며 버티는 모양새가 될게. 울음을 참는다. 그들은 이따금 몇 달이고 보이지 않았다가, 그럴 때는 아마 다른 집들로 옮겨가 버린 모양이지만, 그래도 그런 다음에는 틀림없이 우리 집으로 되돌아온다.[79] 그때 우리는 어떤 얼굴을 하고 있을까.

76 https://www.chosun.com/site/data/html_dir/2020/08/21/2020082104314.html 발췌

77 김시덕, 『갈등 도시』, 열린책들, 2019, 402쪽

78 위의 책, 427쪽

79 프란츠 카프카, 「가장의 근심」, 『변신·시골의사』, 전영애 옮김, 민음사, 1998, 192쪽의 원문을 차용하여 앞에 주어로서 '그들은'을 덧대었다.

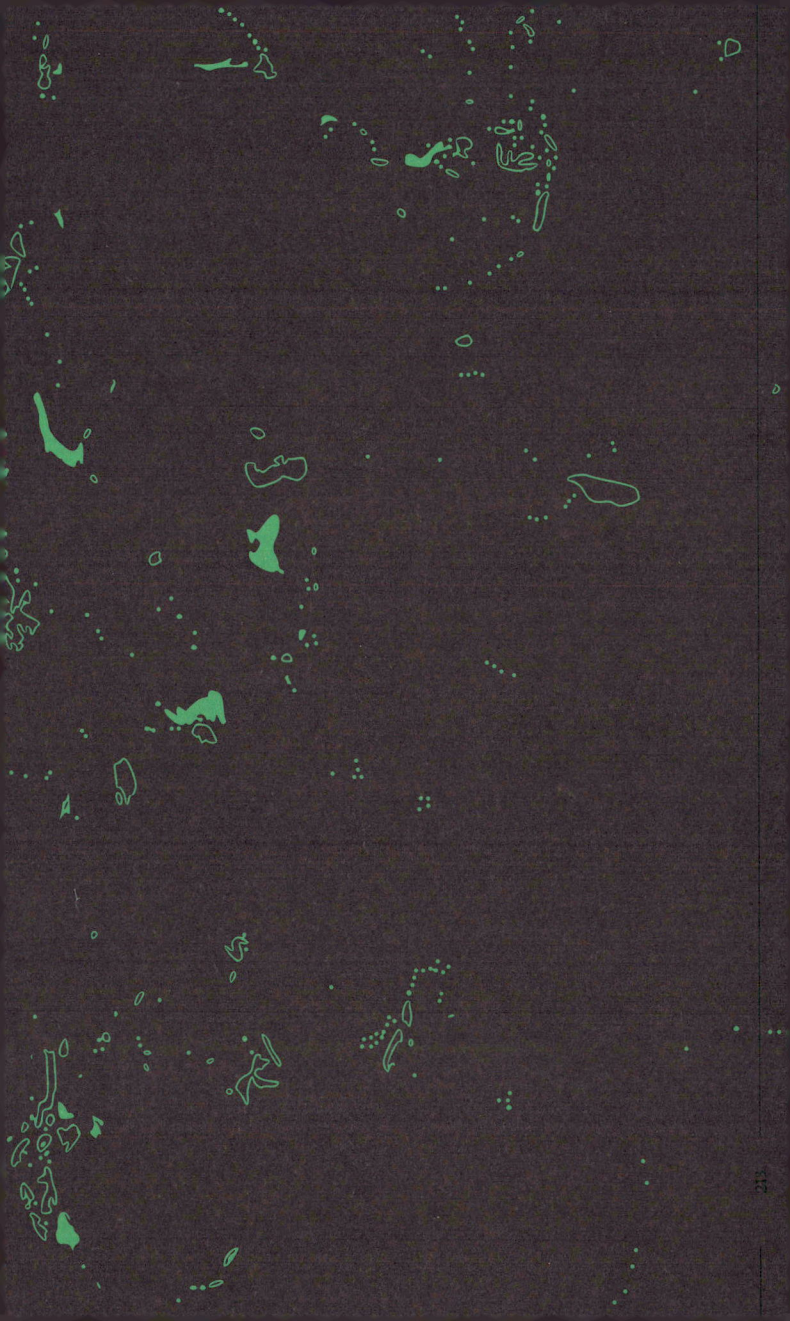

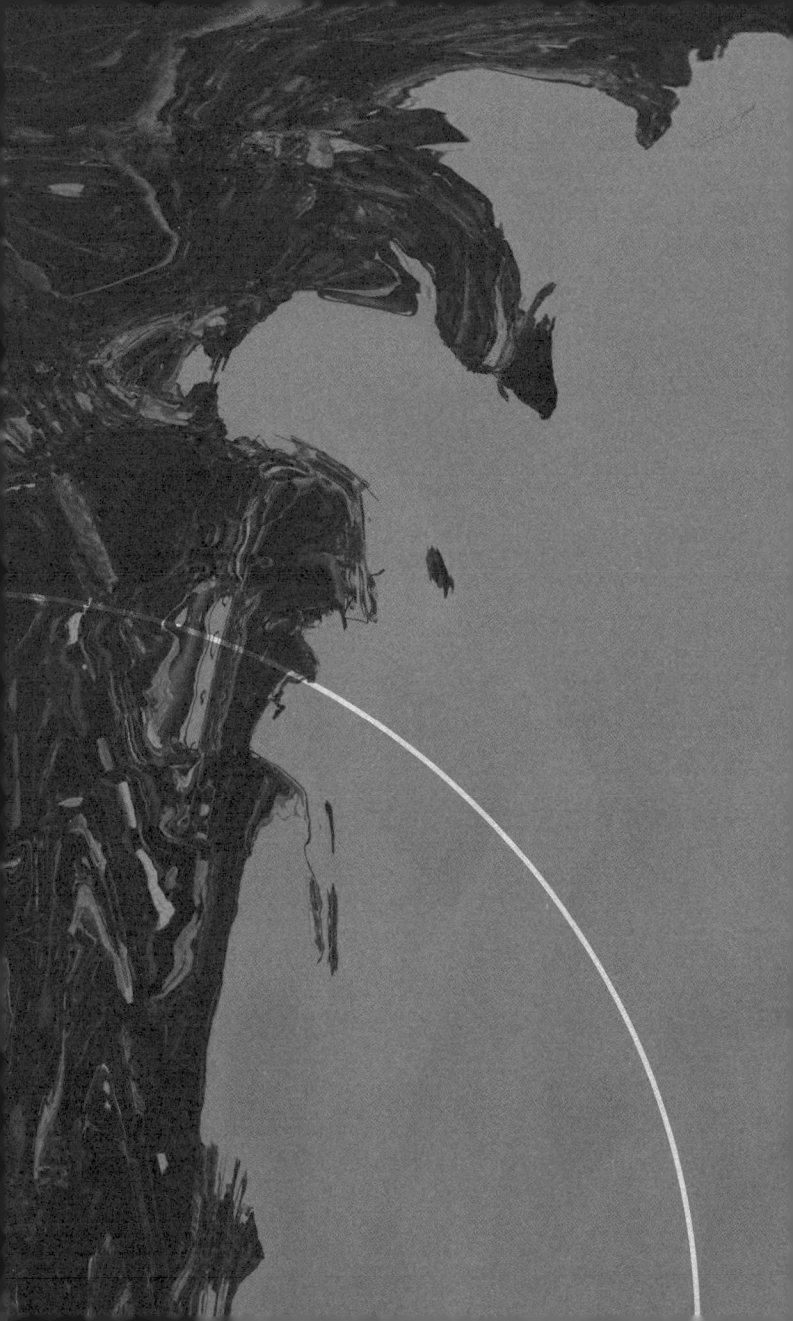

'오드라데크'의 음악을 기다리며

유지완

1

조용한 새벽, 도시의 도로를 지나가는 차 소리는 바닷가의 파도 소리와 닮았다. 차 소리와 파도 소리의 파동을 시각화했을 때 두 소리의 모양(파형)이 비슷하다는 이야기를 어느 사운드 엔지니어로부터 들었다. 몽상에 빠지는 것을 좋아하는 사람이라면 닮았지만 서로 다른 두 소리를 느슨하게 연결해서 늦은 밤 창밖 멀리서 들려오는 차 소리와 함께 자신의 방이 바닷가에 있다고 상상해볼 수도 있겠다.

음악가이며 소리를 연구하는 학자인 피에르 쉐퍼는 이러한 상상이 감각의 자연스러운 흐름이라고 이야기한다. 소리는 하나의 인상이나 하나의 의미작용 바깥으로 나아가기도 한다는 것이다. 우리의 귀에 도착하는 소리는 소리의 원인을 가리키며 그 원인은 우리가 소리의 정체를 알 수 있도록 한다. 쉐퍼는 이와 별개로 그 소리의 원인과 관계없는 소리 자체의 감각을 느낄 수 있다고 한다. 예를 들어, 종소리가 녹음된 음원의 마지막 잔향만을 편집해서 들을 때, 그것은 종소리와 다른 무언가가 되어 하나의 음향적 세계를 이룬다. 혹은 하나의 소리를 반복해서 들을 때, 그 소리는 처음에 소리의 원인과 연결되어 인지했던 것과 다르게 묘한 감각을 불러일으킨다. 이러한 감각의 종합을 가리켜 음악이라고 부르는 것인지도 모른다.

조용한 어둠 속 멀리 있는 도로 위로 자동차가 지나갈 때, 자동차의 바퀴가 도로에 닿고 굴러가며 만들어지는 소리는 수많은 건물의 벽에 부서지고 반사되어 귀에 도착한다. 그 소리가 바다의 파도 소리라고 상상하는 감각의 실험은 소음이라고 여겨지는 것들, 혹은 듣고 있지만 인식하지 못했던 소음을 다른 것으로 만든다.

도시의 소음, 자연의 소음이 여기저기에 있다. 비행기의 굉음, 위층에서 바닥을 끄는 소리, 반복적으로 들리는 동물의 울음소리, 공사하는 소리, 거대한 천둥소리 등 소음의 종류는 다양하고 소음으로 인식하는 소리도 사람마다 다르다. 이런 소음들은 종종 불안과 괴로움을 불러일으키기도 한다. (어쩌면 파도 소리와 조용한 새벽의 차 소리도 상태와 상황에 따라 견디기 힘든 소음이 될 수도 있을 것이다.) 우리는 이러한 소음들과 어떻게 살아갈 수 있을까. 그리고 소음과 함께 살아가는 시간에 어떻게 말걸 수 있을까.

노이즈 캔슬링은 소음을 덮어내고, 지우는 기술이다. 처음 노이즈 캔슬링 이어폰을 착용하고 지하철에서 음악을 들었을 때, 소음에 방해 받지 않고 음악을 조용하게 들을 수 있다는 것이 충격이자 기쁨으로 다가왔다(주변 소음을 이겨낼 만큼 볼륨을 키우지 않고도 음악의 섬세한 결을 들을 수 있다는 것, 조용한 음악도 소음이 많은 환경 속에서 들을 수 있다는 것). 카페에서 들리는 음악이 마음에 들리지 않거나 옆자리가 소란스러울 때 노이즈 캔슬링 이어폰은 원하지 않는 음악과 소리를 제거하는 유용한 수단이 된다. 이러한 편리함에도 불구하고 분명한 것은 노이즈 캔슬링이 삶의 모든 소음을 제거할 수는 없다는 것이다. 스피커가 터질 듯이 고음역대의 노이즈가 고막을 때리는 어느 공연장에서 (음악은 재밌고 멋이 있었지만) 귀가 아파서 나의 귀를 보호하려고 노이즈 캔슬링 이어폰을 착용했다. 그러나 소음은 차단되지 않았다. 노이즈 캔슬링 기술이 고음역대의 소리를 차단하는 것에 한계가 있어서인지 저음역대가 사라진 채로 고음역대의 소리만 귀에 들어오니 더 고통스러웠다. 그래서 노이즈 캔슬링 이어폰을 다시 가방에 넣어둔 채, 그 시간만은 나의 귀 건강을 포기하고 아름다운 소음의 음악에 나를 맡기기로 했다. 이렇게 극단적인 소음이 춤추는 시공간 외에도 고음역대의 소음이 많은 공간에서 노이즈 캔슬링 기술은 무력해진다. 그리고 언젠가 모든 음역대의 소음을 차단하는 장치가 사람의 귀에 장착되어 각자 원하는 만큼의 소음만 듣게 되는 날이 오더라도 소음의 다양한 존재방식은 그 기술을 뚫고 우리 내부로 들어올 것이다.

왜냐하면 아무것도 들리지 않는다고 생각하는 침묵 안에도 무수한 소리들(가청영역 바깥 음역대의 소리, 미세한 소리, 그 외 다른 이유들로 인지하지 못하는 소리)이 있기 때문이다. 들리지 않는 소음과 선율이 통제할 수 없이 마음에 떠오르고 침입한다. 침묵 속에서, 소음 속에서 들리지 않는 이 소음들을 실재하는 소음과 가끔은 구분할 수 없다.

2

카프카는 소음의 존재 방식에 민감하게 반응하며 소음이 흐르는 여러 겹의 세계에 귀 기울이는 사람이었던 것 같다. 그는 자신의 주변에서 나지막하게 속삭이는 것들을 듣고, 글로 옮겨 썼다. '오드라데크'는 카프카가 귀 기울인 존재들의 이름이다. 그것은 버려진 채 망각되고, 귀에 들리지 않지만 존재한다. 혹은 귀에 들리지만 알 수 없는 소리의 이름이다.

카프카는 모든 신경을 집중하고 '오드라데크'의 소리, "어디에나 있고 붙잡을 수 없는 것", "폐를 가지고는 만들어낼 수 없는 웃음소리"[80]를 내는 그것이 모습을 드러내길 기다리며 그가 마주하고 있는 소리들을 써내려갔던 것 같다. 도로 위의 파도 소리를 듣는 것처럼 홀린 듯이, 듣기 싫은 소리에 시달리고 괴로워하면서 무언가에 귀 기울이고 있는 모습이 카프카의 소설, 편지, 일기 곳곳에 등장한다.

> 혼자 있으면서도 조용한 방의 위로를 받지 못하다니 한심합니다. 집의 소음이 두렵기도 하고 또 절망한 나머지 어제 저녁 시립공원과 번화가를 배회했습니다.

하지만 모든 소음에 귀를 기울이겠다는 각오로
일찌감치 돌아왔습니다. 그대는 방 안에서 그것을
어떻게 다 참아낼 수 있었습니까! 오늘 아침에 (이사할)
집을 찾아 나섰지만 아무 소득이 없었습니다.[81]

어제는 고요함을 갈망했습니다. 완전하고도, 뚫고
들어갈 수 없는 고요함을요. 들을 수 있는
귀가 있고 삶의 불가피한 소음을 그 안에서 엄청나게
만들어내는 머리를 갖고도 그 소원을 이룰 수 있을까요?
내가 생각하기에 고요함은 마치 해변가의 물이 물가에
밀려난 물고기를 피해가듯이 나를 피해갑니다.[82]

수화기에서는 보통 전화를 걸 때 들어본 적이 없는
윙윙거리는 소리가 들려왔다. 마치 수많은 아이들의
목소리가 윙윙거리는 것 같았다. 하지만 그냥
윙윙거리는 소리가 아니라 먼 곳, 아주 먼 곳에서
들려오는 노랫소리 같았다. 그렇게 윙윙거리는
소리에서 도저히 가능한 법하지 않은 방식으로 어떤
높고도 강한 목소리가 형성되는 듯했는데, 그 목소리는
마치 그저 빈약한 청각에 도달하는 것 이상으로 깊게
파고 들려는 듯 귓전에 울렸다. K는 수화기에 귀를
기울이면서 아무 말도 하지 않았고, 왼팔을 전화기
받침대에 괸 자세로 그 소리에 귀를 기울였다.[83]

카프카는 세계의 소음을 듣고 쓴다. 그것은 자신의
글쓰기가 꿈/악몽을 써내려가는 일과 같다고 말한
것과 다르지 않다. 그는 소음으로부터 괴로워하거나
소음의 이상한 속삭임에 귀 기울이며 소음을

제거하기 위해 소음의 원인과 소음이 지나온 경로들을 찾아다닌다. 그러나 그의 일기와 편지 속에서 그러한 시도는 항상 실패한 채로 남고, 지속된다. 카프카의 미완성 단편소설 「굴」[84]은 이 과정을 담고 있다. 편지와 소설 속 그가 만난 것은 방안에서 들리는 소음으로 인한 괴로움의 시간이고, 수화기에서 들리는 윙윙거리는 소리에 자신도 모르게 빠져드는 순간이다. 귀에 들리는 것을 써 내려가는 행위 안에서 그는 소음이 계속해서 다른 것으로 바뀌는 형상을 마주한다. 그는 끝없이 불안과 매혹에 사로잡히면서 세계에 흐르는 소음에 귀 기울인다.

귀 기울이는 행위는 수동적인 동시에 능동적이다. 들으려 하지 않을 때도 그것은 언제나 들린다. 눈은 감을 수 있지만, 귀는 닫을 수 없다. 들으려는 의지와 들리는 환경의 내부와 외부는 언제나 겹쳐 있다. 그리고 이 겹쳐 있는 공간에서 돌아다니는 소리의 존재, 흔적을 포착하고자 하는 '귀 기울이는 사람'은 소리의 공간에서 잘 드러나지 않는 한쪽 구석에 숨어있는 이상한 웅얼거림을 채집한다. 그가 이 웅얼거림을 따라가고 써내려갈 때, 그것은 아주 먼 곳에서 들려오는 노랫소리, 이상한 웃음소리, 이상한 음악, 하나의 이야기가 된다. 그는 세이렌의 노래에 홀리듯이 소리를 따라가는 모험을 통해 붙잡을 수 없고 구성요소와 원인을 파악할 수 없는 것, 그가 '오드라데크'라고 부르는 것과 스치듯이 만난다.

카프카의 미완성 단편 「굴」은 '오드라데크'적인 소음으로 가득하다. 여기서 소음은 이야기를 움직이는 인물이고, 장소이며, 사건이다. 「굴」의 화자는 원인을 알 수 없는 소음 때문에 잠에서 깬다. 그는 자신이 살아가는 세계인 '굴'을 장악해가는 소음을 제거하고 찾기 위해 소음을 쫓아다닌다. 화자는 독백의 형태로 소음의 정체를 상상하는 말들을 이어간다. 소음은 모습을 드러내지 않은 채 화자의 상상 속에서 형상을 바꾸면서 이어진다. 소음은 굴을 파고 있는 화자가 말을 거는 유일한 대화 상대자다. 그것을 붙잡기 위해, 무엇인지 알아내기 위해 수행하는 어떤 시도에도 소음은 '사각사각' 소리로 대답할 뿐이다.

카프카가 미완성으로 남겨놓은 소설의 마지막까지 「굴」의 화자는 귀에 들리는 것들의 정체를 끝내 밝혀내지 못한다. 소음에 가까워진 것 같을 때, 소음은 가까워짐과 동시에 닿을 수 없이 멀리에 있다.

소음의 원인을 상상하고, 그것에 다가가는 '필사의 추적'(브라이언 드 팔마 감독의 영화 제목인데, 사건 현장에서 우연히 녹음된 소리의 흔적을 따라 사건을 추적한다.) 끝에 소음의 베일을 벗겨내는 순간 그 소리의 다른 원인이 들어올 것이다. 그는 귀에 들리는 소음을 완전히 제거할 수도 없을 것이다. 소리 내고 있는 것을 눈으로 보고 있을 때조차 귀에 들리는 것과 그 소리를 내고 있는 것 사이에는 어떤 간극이 존재한다. 그는 소음에 닿을 수 없고, 그것을 붙잡을 수 없다.

이 불가능성 안에 하나의 희망이 있다면, 소음을 찾아가고 귀 기울이는 사람은 카프카가 **오드라데크라고 부르는 것을 발견할** 수 있다는 것이다. 그것은 소음의 근원과 들리는 것 사이에서 흘러나오는 다른 인식, 다르게 듣기의 시간이고, 그 틈에서 새어나와 듣는 이를 스쳐가는 존재다. 세계는 들리지 않는 소리, 진동, 알 수 없는 소리들로 가득하다. 무엇인지 안다고 생각하는 소리도 귀 기울일 때, 그 소리는 다른 것이 될 수 있다.

> 비가 오는 날, 우리는 포장도로에 빗방울이 떨어지는 아름다운 타악기 패턴을 듣지 못하고

'비가 온다'라는 기표만 듣게 된다.[85]

소리들로 가득한 세계의 이면에서는 언제나 어떤 기묘한 일이 벌어지고 있으며, 세계의 비밀이 속삭여지고 있다. 그 소리들은 현실과 겹쳐있는 다른 세계의 통로이자 사물이다. 그것은 우리와 항상 함께 있으면서 미세한/시끄러운 소리를 흘려보내지만 다락방의 보이지 않는 구석에 버려져 있다.

이 다락방의 세계는 작은 문이 된다. 이 구멍으로부터 허구, 이야기-노래가 흘러나온다.
카프카의 '오드라데크'는 이 노래가 통과하는 어떤 지점을 부르는 이름이 아닐까? 그것은 노래가 시작되는 흥얼거림, 앞으로 이어질 무수히 많은 노래와 이야기의 이름 없는 이름이다. 어긋나 있기 때문에 버려져 있거나 인식되지 않고, 듣고 싶지 않거나 들리지 않기 때문에 어디에도 속하지 않는 소음의 이름이다.

그 소리의 이름은 다른 존재가 될 수 있기 때문에 비어있을 것이다. 그 비어있음, 틈새로 인해 소음이 주위를 완전히 에워싸고 있는 순간에도 삶은 소음으로부터 자유로울 수 있고, 그것과 함께 살아갈 수도 있다. 도로 위에서 들리는 파도 소리, 그리고 오드라데크의 이상한 웃음 소리와 함께 바스락거리며 시작되는 음악을 나는 듣고 싶다. 세계의 소음과 함께 누군가 베이스의 현을 퉁기고 미친 기타 연주가 시작되고 드럼이 쿵쿵 울릴 때, 우리는 잊었던 시간, 잊었던 사물들과 이야기 나누고 그들의 세계에 다가갈 수 있을 것이다.

80 프란츠 카프카, 단편전집 『변신』, 이주동 옮김,
   솔출판사, 제2개정판, 1997, 242쪽.

81 프란츠 카프카, 『행복한 불행한 이에게』, 서영좌 옮김,
   솔출판사, 2002, 770쪽.

82 프란츠 카프카, 『카프카의 편지: 약혼녀 펠리체
   바우어에게』, 변난수 외 옮김, 솔출판사, 2002,
   812쪽.

83 프란츠 카프카, 『성』, 권혁준 옮김, 창비, 2015, 33쪽.

84 프란츠 카프카, 단편전집 『변신』, 이주동 옮김,
   솔출판사, 제2개정판, 1997, 675쪽.

85 출처를 찾지 못한, 나의 수첩에 적혀있는 인용문이다.

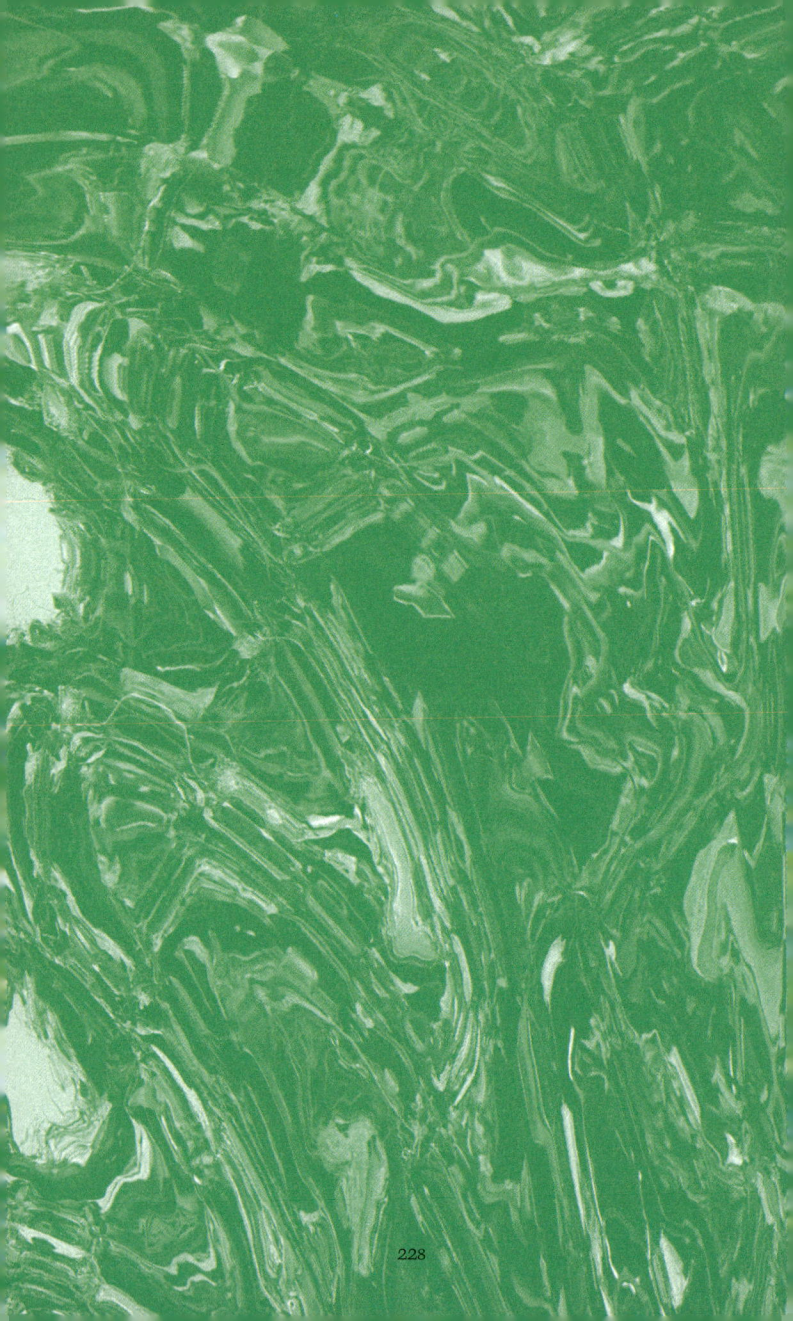

Obdradek:
숨-탄-것

강병우

'숨탄것'은 생명을 가진 모든 동물을 부르는 우리말로, 히스테리안은 단순 종(種)을 넘어서 비인간 유기체에도 숨이 깃들어 있다는 뜻으로 의미를 확장해나가며 인간중심적, 물질중심적인 시대상과 마주하고자 합니다. 오드라데크는 제9회 아마도전시기획상 <정해져 있지 않은 거주지 : 오드라데크>, 2022-2023 공공예술 프로젝트 <욕망이 빠져나간 자리: 출몰지>의 영감을 준 리서치 결과이자 그 재료이기도 합니다. 우리는 도무지 정체를 알 수 없는 미지의 존재, 오드라데크의 예상치 못한 출몰을 통해 오늘날 과밀화된 도시 속에 가려져 있던 각종 사회 현상과 이분법적 사고방식에 질문을 던집니다.

"넌 이름이 뭐니?"라고 그에게 물을 것이다.
"오드라데크." 하고 그가 말한다. "넌 어디서 살지?"
"정해지지 않는 집" 하고 말하면서 그는 웃을 것이다.
그러나 그 웃음은 폐를 가지고는 만들어낼 수 없는 그런
웃음이다. 그것은 마치 낙엽의 바스락거리는 소리처럼
들린다.[86]

오드라데크는 폐가 낼 수 없는 소리로 웃는 게
아니다. 오히려 폐가 없기에 죽은 나뭇잎처럼
웃어댄다. 웃음소리가 천장 가까이서 들린다면
다락방에 올라간 오드라데크가 절그럭거리며
웃고 있는 것이다. 의미가 절연된-보이드(void)-
공간에서 오드라데크는 매혹적으로 웃는다.
수수께끼를 지나치지 못하는 우리에게 미스터리한
웃음을 해석하는 일이 숙제로 남는다. 수수께끼를
기어코 풀어버리고자 하는 욕망은 어느 시대, 어느
장소에서든 가장(家長)의 덕목이다. 한 장소의
가장은 제한된 공간 내에서 의미를 통제하며 배타적
협상력을 행사한다. 이 미지의 객체(Object)를
완벽히 이해할 길 없지만, 그것이 존재한다는 점만은
자명하다.[87] 유독 가장에게 그 존재감은 발휘되는데,
규정폭력이 강하게 발현될수록 더욱 그렇다. 공간의
주인으로서 가장은 자신이 이해할 수 있는 범위
아래 오드라데크를 놓고자 질문으로 통제한다.

그러나 통제된 질문은 대답조차 되지 않을 때 깊은
수렁에 빠지며 근심 아래로 고스란히 되돌려진다.[88]
오드라데크의 '정체'를 밝히고자 하는 노력은 끝내
실패를 시인할 수밖에 없다.[89] 이러한 의미에서
오드라데크는 통제구역에서 가장 수수께끼 같은
객체이자 의미의 공백을 생산하는 옵드라데크(Ob-
dradek)이다. 우리 앞(Ob)에 놓인 오드라데크는
연고와 목적을 알 수 없는 이방인처럼 존재한다.
그는 결코 반문(안티테제)하는 법이 없지만, 가장
효과적인 방식으로 통제된 질문을 비변증법적으로
파훼한다. 아랑곳하지 않는 옵드라데크는 끊임없이
질문을 되돌린다. 옵드라데크의 숨결에 주인은
귀가 살랑거려 문장을 완성하지 못한다. 이제
존재를 골똘히 생각하는 이는 공간의 통제력을 잃은
주인이다.

> 나는 그가 어떻게 될까 하고 헛되이 자문해본다. 그가
> 도대체 죽을 수도 있을까?[90]

옵드라데크는 죽은 객체일까? 하지만 옵드라데크에
생명이 깃들어 있는지 물을 필요는 없다. '숨'은
생명이 아닌 활동의 표현으로 단순히 생화학적
현상으로 환원되지 않는다. 존재자에 관여하는

한 모든 객체는 숨으로서 있다. 우리말에는 '숨이 깃들어 있음'을 알리는 '숨탄것'[91]이 있다. 비록 인간중심주의의 한계가 엿보이지만, 행위력의 재분배라는 아이디어를 보여준다. 옵드라데크와 숨탄것의 공통지대는 협상력을 지닌 행위자의 외연을 넓히는 것에 있다.[91] 이러한 고민 아래 인간, 파랑새, 오동나무, 돌[93] 등 상관적 객체 일반을 숨-탄-것($\frac{행위력\text{-}권리\text{-}객체}{숨\text{-}탄\text{-}것}$)으로 표기할 것이다. 행위자의 위격을 인간과 생명에 국한하지 않고, 서로 개입하고 영향을 끼치는 상관적 우주를 토대로 이해해야 한다. 잡동사니와 숨이 기묘하게 뒤섞인 이 수수께끼 객체의 모습에서 비로소 Obdradek가 나타난다. 폐가 없지만 옵드라데크의 웃음소리는 누구보다 멋들어지고, 그 웃음소리에 주인은 난관에 봉착한다. 수수께끼란 앞(ob-ject)을 막아선 영원한 객체가 던지는 질문이다.

어떤 규정에도 아랑곳하지 않는 옵드라데크는 소멸하지 않고 출몰하나, 주체는 사멸의 행로를 따라 걷는다. 주체가 기능을 잃고 보이지 않는 공간으로 밀려날 때 객체가 된다. 이러한 주체의 객체화는 시간의 필연적인 과정이다. 기능을 잃고 사멸한 과거의 존재자는 기억과 흔적으로 지금-

여기에 여건(data)으로 자리하며 계속해서 행위력을 행사한다. 이러한 인간주의적 불멸성은 더미에 올려진 꿈이자, 폐허를 기억하는 일에서 비롯된다. 그리고 기억이란 역사의 문제로 쓰레기-객체, 숨-탄-것, 옵드라데크를 인정할 때 비로소 이해될 수 있다. 오늘날 우리는 쓰레기-더미의 광경에서 숨-탄-것의 형상을 찾아낼 것이다. 가장은 고통스럽게 수수께끼와 마주한다. 옵드라데크는 어디에 출몰할까?

"정해지지 않은 거주지"

지구뿐만 아니라 우주가 바스러진 주체로 쌓여간다. 그곳에서 옵드라데크가 구르는 소리가 들려온다.

> 그러나 내가 죽고 난 후에도 그가 살아 있으리라는 생각이 나에게는 몹시 고통스럽다.[94]

86 프란츠 카프카, 「가장의 근심」, 『카프카 전집 1: 변신』, 이주동 옮김, 솔출판사, 2017, 242쪽.

87 이 책의 15쪽 참고.

88 "옳다. 하지만 이방인에 대한 문제는 취급해야 할 하나의 문제가 되기 이전에, 하나의 개념, 하나의 테마, 하나의 문젯거리, 하나의 프로그램을 가리키기 전에, 그것은 먼저 이방인이 제기한 질문, 이방인에게서 온 질문이고, 그리고 또한 이방인에게 보낸, 이방인에게 제기한 질문이다. 마치 이방인이란 우선 제일 먼저 질문을 하는 사람, 또는 사람들로부터 첫 질문을 받는 대상이기라도 하듯이. 마치 이방인이란 물음으로-된-존재물음으로-된-존재의 물음 자체, 물음-존재 또는 문제의 물음으로-된-존재이기라도 하듯이 말이다. 그러나 이방인은 또한 첫 물음을 제기하면서 나를 문제 선상에 올려놓는 사람이다." (자크 데리다, 『환대에 대하여』, 남수인 옮김, 동문선, 2004, 57-58쪽)

89 "체코어(그리고 일반적으로 서부 슬라브어)에는 'odraditi'라는 동사가 있다. 이 단어는 '누구에게 무엇을 하지 않도록 충고하다'라는 뜻이다. 이 단어는 어원적으로 독일어 'rat, Rat(고문관, 충고)'에서 유래한다. 슬라브어의 영향은 전철 'ob(ab, weg von, 부정 분리)'와 축소를 표현하는 후철 'ek'에까지 미친다. (중략) 독일어에서 오드라데크에 상응하는 형태는 아마 '무엇을 하지 못하게 하는 작은 것'일 것이다." (빌헬름 엠리히, 『프란츠 카프카』, 편영수 옮김, 지식을만드는지식, 2011, 161-162쪽)

90 프란츠 카프카, 앞의 책, 같은 쪽.

91 "우리 조상들의 생명존중 정신이 깃든 말이다. 야생 짐승이든 가축이든 '숨탄것'이라 하여 그 생명을 함부로 여기지 않았던 것이다. '-탄-'의 으뜸꼴인 '타다'는 여러 가지 뜻으로 쓰인다. '말을 타다', '재능을 타고 나다', '커피에 설탕을 타다', '상을 타다', '가르마를 타다', '가야금을 타다', '부끄럼을 타다' 따위의 표현에서 '타다'는 각기 다른 뜻을 가지고 있는데, '숨탄것'에서 '-탄-'은 '선천적으로 어떤 성질을 지니고 난 것'을 말한다. 넓은 뜻으로 사람은 물론 생명을 가진 모든 것을 뜻하는 우리말이다." (박남일, 『좋은 문장을 쓰기 위한 우리 말 풀이사전』 2부 생물과 사물 '숨탄것', 서해문집, 2011.)

92 커머너의 확장과 사유공간 및 사적공간에 관한 본서 68쪽의 논의 참고.

93 이 책의 202-3쪽 참고.

94 프란츠 카프카, 앞의 책, 같은 쪽.

강정아 (발행인, 문화예술기획자)
서울에 위치한 히스테리안 출판사의 발행인이며
《비틀년》 프로젝트(2018-2021)를 기획했고
제9회 아마도전시기획상(2022)을 수상했다.
변방에서 철학과 인문, 페미니즘을 공부하며 주류
담론을 벗어난 대안적 삶과 예술 실천에 관심을
두고 있다. 문화예술기획자로 활동하며 공공예술,
거버넌스, 생활과 예술을 둘러싼 담론 현장에
목소리를 내고 글을 쓴다.

김민주 (책임편집인, 연구자)
한국외국어대학교 정치외교학과에서 학사학위를,
서울대학교에 철학과에서 석사학위를 받았고, 동
대학원 박사과정에 있다. 히스테리안 출판사에서
발행한 웹진 '에코'의 책임편집인이자
『미칠년: 여성적 글쓰기란 무엇인가』(2018),
『환향년: 바깥에서 안으로 회귀하는 여인들』(2019),
『십할년: 머리 없는 몸과 백 개의 머리를 가진
여인들』(2021)에 글을 썼다. 동시대 폭력의 양상과
인간의 자기 관계를 여성, 정치경제, 생태의 세
축에서 고민한다.

강병우 (연구자)
히스테리안 출판사의 편집인으로 활동하고
있으며 현재 객체철학을 매개한 공동체에 관심을
기울이고 있다. 영상을 전공했으나 인문협동조합
간사를 맡은 경험으로 행정 및 잡다한 서류 작업에
일가견을 두고 활동하고 있다.

봄로야 (시각예술가)
떠나보내거나 상실해야 하는 상념을 붙잡아
드로잉, 텍스트, 흥얼거림 등의 '멜랑콜리아적
해프닝'으로 기록한다. 개인전 <답 없는 공간:
근사한 악몽>(2016-2018)과 <다독풍경>(2019)
프로젝트를 기점으로 사적 경험이 미술가, 작가,
음악가 등과의 대화 및 협업으로 통과되어 다른
사건이 되는 지점에 관심을 두고 있다.

유지완 (사운드 아티스트)
연세대학교 커뮤니케이션대학원 영상예술학
박사과정 중이며, 여러 매체 사이에 흐르는 소리에
대해 공부하고 이야기한다. 무용음악, 영화음악,
사운드 설치, 퍼포먼스 등 음악/소리와 관련된
작업을 하고 있다. 소리가 드러내는 매체와 세계의
경계에 관심이 있다.

최희진 (연구자)
서울대학교 환경대학원 환경계획학과 박사과정에
있다. 여성주의 철학의 사유 속에서 몸, 감정, 향유,
일상정치 등에 관심을 가지고 있으며, 참여계획,
공유·포용도시, 커먼즈, 마을만들기에 대한
현장연구를 수행한다.

글
강병우, 강정아, 김민주,
봄로야, 유지완, 최희진

편집인
강병우, 강정아, 김민주

국문교정
김민주, 임나래

도움
마스터(김정기), 이화영, 황바롬,
홍우주사회적협동조합

디자인
파이카

인쇄
인타임

초판
2022년 5월 17일

개정판 1쇄
2024년 1월 31일

발행인
강정아

펴낸곳
히스테리안 출판사

출판등록
2018년 4월 5일
(제 2018-000092호)

이메일
hysterian.public@gmail.com

홈페이지
https://www.hysterianpublic.com

후원
한국문화예술위원회

가격
15,000원

ISBN
979-11-978389-0-3

이 책은 <2021 한국문화예술위원회 아르코 공공예술사업>의 지원을
받았습니다. 책에 수록된 글과 사진에 대한 저작권은 각 저작자에게 있습니다.
저작자와 펴낸이의 사전 동의 없이 무단으로 사용할 수 없습니다.